财 政 部 规 划 教

全国高等院校会计系列教材

管理会计习题与案例

朱爱萍　主编

黄　亮　梅　芳　副主编

中国财经出版传媒集团
中国财政经济出版社

图书在版编目（CIP）数据

管理会计习题与案例 / 朱爱萍主编. --北京：中国财政经济出版社，2020.1（2023.1 重印）
财政部规划教材 全国高等院校会计系列教材
ISBN 978-7-5095-9545-9

Ⅰ.①管… Ⅱ.①朱… Ⅲ.①管理会计-高等学校-教材 Ⅳ.①F234.3

中国版本图书馆 CIP 数据核字（2019）第 301156 号

责任编辑：张 铮　　　　封面设计：孙俪铭

中国财政经济出版社出版
URL：http://www.cfeph.cn
E-mail：cfeph@cfeph.cn

社址：北京市海淀区阜成路甲 28 号 邮政编码：100142
营销中心电话：010-88191537
北京密兴印刷有限公司印刷 各地新华书店经销
787×1092 毫米 16 开 10 印张 237 000 字
2020 年 1 月第 1 版 2023 年 1 月北京第 2 次印刷
定价：33.00 元
ISBN 978-7-5095-9545-9
（图书出现印装问题，本社负责调换）
本社质量投诉电话：010-88190744
打击盗版举报热线：010-88191661 QQ：2242791300

编写说明

本书是为财政部规划教材《管理会计学》编写的配套学习指导书，由财政部教材编审委员会组织编写并审定，作为全国高等院校会计系列教材的配套教材使用。

本学习指导书对应教材各章提供了三个部分的内容，一是学习目标，指出通过各章学习后要掌握的主要内容；二是学习指导，提出了各章的学习重点和学习难点；三是各章练习题，包括名词解释、单项选择题、多项选择题、判断题、简答题、计算题和案例分析等题型。全书题目和内容力求紧扣教材，贴近中国管理会计实践，深入浅出、通俗易懂、便于自学。

本习题册由朱爱萍担任主编，黄亮与梅芳担任副主编，卿松与陶海映参与教材的编写。其中，第一章、第十章、第十一章由朱爱萍编写，第二章、第三章由陶海映编写，第四章、第六章、第七章由梅芳编写，第五章由卿松编写，第八章、第九章由黄亮编写。朱爱萍和黄亮负责总体框架设计、编写提纲的拟定、初稿的修订与全书的总纂和定稿。

本书配有习题答案和解析，任课老师如有需要，请登录中国财政经济出版社财经教材分社网站（cjjc. cfeph. cn）下载，或通过邮箱 caijingjiaocai@163. com 索取。

编者

2019 年 8 月

目　录

第 1 章

管理会计概论

□ 学习目标

通过本章的学习，了解管理会计形成和发展的三个阶段；理解管理会计的定义；掌握管理会计和财务会计的关系、管理会计的职能和信息质量特征；了解管理会计师专业机构和管理会计师职业道德。

□ 学习指导

1. 学习重点：本章的重点是理解管理会计的定义；掌握管理会计和财务会计的关系以及管理会计的职能和信息质量特征。

2. 学习难点：本章的难点是管理会计职业道德守则中基本原则和概念框架的运用。

□ 练习题

一、名词解释

1. 管理会计

2. 计划

3. 控制

4. 决策制定

5. 相关性

6. 准确性

二、单项选择题

1. 依据泰罗的“科学管理”学说建立的（　　），实行事前计算和事后分析相结合，为企业加强内部的成本管理服务。

A. 预算会计　　B. 标准成本会计

C. 战略管理会计　　D. 成本会计

2. 下列项目中，不属于管理会计基本职能的是（　　）。

A. 规划未来经营活动　　B. 参与决策制定

C. 核算经营成果　　D. 控制经济活动过程

3. 管理会计工作（　　）。

A. 具有统一性和规范性　　B. 结构松散、程序性较差

C. 必须遵循公认会计准则　　D. 方法单一

4. 管理会计的服务侧重于（　　）。

A. 股东　　B. 债权人

C. 外部集团　　D. 企业内部经营管理

5. 1952 年，（　　）年会正式采用“管理会计”来统称企业内部会计体系，会计也因此被细分为财务会计和管理会计两大领域。

A. 国际会计师联合会　　B. 美国会计师联合会

C. 英国成本会计师协会　　D. 英国特许管理会计师协会

6. 著名管理学家（　　）于 1981 年首次提出了“战略管理会计”一词，之后很多学者的研究成果也在不断丰富和完善战略管理会计。

A. 山克（Shank）　　B. 库珀（Cooper）和斯朗姆德（Slagmulder）

C. 西蒙（Simmonds）　　D. 卡普兰（Kaplan）和诺顿（Norton）

7. 下列（　　）项目属于管理会计的内容。

A. 管理会计职责的分派　　B. 协调会计与其他业务

C. 授权并决定集权或分权　　D. 招募、训练、发展各个职责范围的员工

8. 管理会计与财务会计的关系是（　　）。

A. 起源相同，目标不同　　B. 目标相同，基础数据相同

C. 服务对象相同，基础数据不同　　D. 目标不同，概念相同

9. 管理会计的信息质量特征中，（　　）是指提供所有管理层需要的信息，但是信息也不应当过载。

A. 准确性　　B. 相关性

C. 及时性　　D. 完整性

10. 管理会计的信息质量特征中，（　　）要求必须有限运用技术语言或专业术语。

A. 可靠性　　B. 可理解性

C. 相关性　　D. 成本效益性

11. 2014 年 10 月 24 日，CGMA 发布（　　），描述了管理会计职业人员理应拥护的基本价值、品质、规范和特征。

A. 《全球特许管理会计能力框架》　　B. 《全球管理会计原则》

C. 《管理会计师职业道德守则》　　D. 《注册会计师职业道德守则》

12. 管理会计师职业道德守则的（　　）原则要求会员应当公正处事、实事求是，不得由于偏见、利益冲突以及他人的不当影响而损害自己在所有的职业关系和商业关系中的职业判断。

A. 诚信　　B. 保密

C. 可靠　　D. 客观

13.（　　）的不利影响是指管理会计师不能恰当地评估由前任会计师或同一事务所或组织的另一个人所做出的判断、提供的行动或服务，而会计师又必须依赖这些判断作为当前行动或提供服务的一部分。

A. 自我评价　　B. 自身利益

C. 过度推介　　D. 外在压力

三、多项选择题

1. 战略管理会计阶段以企业成本管理与战略保持一致为特征，（　　）等管理会计方法被运用到战略成本管理过程中。

A. 价值链分析　　B. 作业成本法

C. 目标成本法　　D. 平衡计分法

E. 产品生命周期法

2. 价值链视角提出了战略成本管理两种类型的成本动因，即（　　）。

A. 结构性成本动因　　B. 执行性成本动因

C. 竞争战略动因　　D. 组织战略动因

3. 平衡计分卡是以战略为导向，从（　　）四个层面建立的业绩评价体系，为战略管理会计打开了新的视角。

A. 财务　　B. 顾客

C. 战略　　D. 内部业务流程

E. 学习与成长

4. 下列各项中，属于管理会计与财务会计区别的有（　　）。

A. 目标不同　　B. 职能不同

C. 规范性约束不同　　D. 计量尺度不同

5. 企业计划可以被分成（　　）三个层级。

A. 战略计划　　B. 管理层计划

C. 经营计划　　D. 组织计划

6. 管理会计一些常用的控制方法包括（　　）。

A. 系统分析　　B. 差异分析

C. 盈利能力分析　　D. 回报率分析

E. 目标成本法分析

7. 管理会计与财务会计同属于企业会计的范畴，两者之间互相渗透和影响，存在着密切联系，包括（　　）。

A. 方法和程序相同　　B. 起源相同

C. 基础数据相同　　D. 基本职能相同

E. 服务对象相同

8. 全球影响力最大的两家管理会计专业机构为（　　）。

A. 英国特许管理师公会　　B. 美国管理会计师协会

C. 美国注册会计师协会　　D. 加拿大管理会计师协会

9. 英国特许管理会计师（CMA）资格考试分为（　　）四个阶段。

A. 基础级　　B. 运营级

C. 管理级　　D. 决策级

E. 战略级

10. CIMA2015 年颁布的《管理会计师职业道德守则》分为（　　）三个部分。

A. 守则的一般运用　　B. 事务所执业的管理会计师

C. 企业中管理会计师　　D. 职业道德概念框架

11. CIMA 职业道德守则中管理会计师应遵循的基本原则有（　　）。

A. 诚信　　B. 客观

C. 专业胜任能力和应有的关注　　D. 保密

E. 职业行为

12. 可能对遵循职业道德基本原则产生不利影响的因素包括（　　）。

A. 自身利益　　B. 自我评价

C. 过度推介　　D. 密切关系

E. 外在压力

四、判断题

1. 19 世纪后半期，西方社会的家庭生产制度促进了成本会计的发展。（　　）

2. 1921 年美国《预算与会计法案》的颁布推动了“预算控制”被引入管理会计。（　　）

3. 随着全球经济一体化的发展，企业的生产组织必须从追求规模效益为目标的大批量生产方式转向能对顾客不同需求迅速做出反应的“顾客化生产”。（　　）

4. 平衡计分法的研究成果试图建立企业战略和成本结构之间的关系，以及作业和它们所要求的资源之间的因果关系。（　　）

5. 准确性是指管理会计所提供的信息在相关范围内必须准确地反映客观事实，有用的信息意味着越精确越好。（　　）

6. 美国注册管理会计师（CMA）考试共有两门，提供英文和中文两种考试语言，是唯一提供中文考试的管理会计认证。（　　）

7. 通过英国特许管理会计师（CMA）战略级综合案例分析考试后即可申请 CMA 会员资格。（　　）

8. CIMA 的职业道德守则中指出，防范措施是可以消除或将不利影响降至可接受水平的行动或措施，包括由行业和法律、法规产生的两大类防范措施。（　　）

9.《中国注册会计师职业道德守则》的基本原则包括诚信、独立性、客观和公正、专业胜任能力和应有的关注、保密、良好职业行为，与国际通行的注册会计师职业道德守则的内容基本保持了一致。 (   )

五、简答题

1. 管理会计的形成和发展可分为哪几个阶段？每个阶段的特征是什么？

2. 简述战略管理会计的四个主流学派。

3. 简述管理会计与财务会计的关系。

4. 管理会计是通过哪些职能来帮助企业实现价值目标的？

5. 简述管理会计的信息质量特征。

6. 管理会计师职业道德应具备哪些基本原则？

7. 管理会计师职业道德概念框架要求会员如何解决职业道德问题？

六、案例分析

管理会计师必须一直秉承职业道德，保持正直诚实。在大多数国家，这已上升到法律的高度。管理会计师也有能力、保密、正直以及客观可靠方面的道德义务。管理会计师在很多方面会面临道德问题，见下例：

例 1：一位部门经理正在考虑一套游戏软件的商业潜能。出于内部报告的目的，该软件的开发成本被资本化为一项资产而不是作为一项费用。经理的奖金部分取决于部门的利润。经理认为将开发成本作为资产是合理的，因为新产品会产生利润，但是他拿不出证据支持自己的观点。该部门最近开发的两种产品并不成功。管理会计师不赞同经理的看法，但他希望避免与经理发生个人冲突。

例 2：一位建材供应商正参与一份新合同的投标。他邀请购买方的管理会计师免费在温泉酒店度周末，但在邀请时并未提及新合同。这名会计师不是供应商的私人朋友，他知道成本问题是这个新合同的关键，担心供应商会向他询问竞争对手的报价细节。

思考题：

1. 例 1 中管理会计师面临何种道德困境？管理会计师的要求是否合理？
2. 例 2 中管理会计师是否违反了职业道德守则？管理会计师应如何解决该道德冲突？

第 2 章

成本核算的基础

□ 学习目标

通过本章的学习，理解成本与费用的关系；理解不同分类依据下各种成本的涵义；掌握按成本性态对成本的分类；掌握混合成本的分解方法；掌握变动成本法下存货成本的构成及损益的核算；掌握变动成本法和完全成本法在存货成本构成及损益预算等方面的区别。

□ 学习指导

1. 学习重点：本章的重点成本是按成本性态的划分；混合成本的分解方法；变动成本法下存货成本构成及损益核算；变动成本法和完全成本法在存货成本构成及损益预算等方面的区别。

2. 学习难点：本章的难点是成本按成本性态的划分、混合成本的分解、变动成本法和完全成本法在损益预算方面的区别。

□ 练习题

一、名词解释

1. 成本

2. 费用

3. 直接成本

4. 间接成本

5. 差量成本

6. 付现成本

7. 沉没成本

8. 边际成本

9. 机会成本

10. 相关成本

11. 无关成本

12. 成本性态

13. 固定成本

14. 变动成本

15. 混合成本

二、单项选择题

1. 管理会计中对成本相关性的正确解释是（　　）。

A. 与决策方案有关的成本特性　　B. 与控制标准有关的成本特性

C. 与资产价值有关的成本特性　　D. 与归集对象有关的成本特性

2. 下列项目中只能在发生当期予以补偿、不可能递延到下期的成本是（　　）。

A. 直接成本　　B. 间接成本

C. 产品成本　　D. 期间成本

3. 单位固定成本在相关范围内的变动规律为（　　）。

A. 随业务量的增加而减少　　B. 随业务量的减少而减少

C. 随业务量的增加而增加　　D. 不随业务量的变动而变动

4. 在各类固定成本中，能够在不改变企业生产经营能力的前提下降低其总额的是（　　）。

A. 约束性固定成本　　B. 酌量性固定成本

C. 半固定成本　　D. 单位固定成本

5. 单耗相对稳定的外购零部件成本为（　　）。

A. 约束性固定成本　　B. 酌量性固定成本

C. 约束性变动成本　　D. 酌量性变动成本

6. 为排除业务量因素的影响，管理会计中反映变动成本水平的指标是（　　）。

A. 变动成本总额　　B. 单位变动成本

C. 变动成本的总额与单位额　　D. 变动成本率

7. 采用底薪加提成工资制的工人工资是（　　）。

A. 半固定成本　　B. 半变动成本

C. 延伸变动成本　　D. 曲线式成本

8. 下列项目中，属于阶梯式混合成本的是（　　）。

A. 制造费用　　B. 生产工人计件工资

C. 机器设备维护保养费　　D. 检验员工资

9. 在管理会计中，狭义的相关范围是（　　）的变动范围。

A. 成本　　B. 业务量

C. 时间　　D. 市场容量

10. 企业拟购买一台价值100万元的数控机床取代5年前买的旧设备，购买方案为旧设备作价25万元以旧换新，其余以银行存款支付。该方案的付现成本是（　　）元。

A. 250 000　　B. 750 000

C. 1 000 000　　D. 500 000

11. 成本按性态分类的对象是（　　）。

A. 总成本　B. 固定成本

C. 变动成本　D. 资金运动

12. 在变动成本法下，固定制造费用应当列作（　　）。

A. 非生产成本　B. 期间费用

C. 产品成本　D. 直接成本

13. 在应用高低点法进行成本性态分析时，选择高点坐标的依据是（　　）。

A. 最高的业务量　B. 最高的成本

C. 最高的业务量和最高的成本　D. 最高的业务量或最高的成本

14. 下列成本中属于相关成本的是（　　）。

A. 付现成本　B. 沉没成本

C. 不可延缓成本　D. 不可避免成本

15. 当相关系数等于 1 时，表明成本与业务量之间的关系是（　　）。

A. 基本正相关　B. 完全正相关

C. 完全无关　D. 基本无关

16. 历史资料分析法中，计算结果最为精确的方法是（　　）。

A. 高低点法　B. 散布图法

C. 直线回归法　D. 直接分析法

17. 下列各项中，能构成变动成本法产品成本内容的是（　　）。

A. 制造费用　B. 固定成本

C. 生产成本　D. 变动生产成本

18. 某人有现金 1 万元。他若买黄金，收益率为 15%；若买铂金，收益率为 12%，则他投资铂金的机会成本为（　　）元。

A. 1 200　B. 1 500

C. 2 700　D. 300

三、多项选择题

1. 下列项目中属于固定成本的有（　　）。

A. 定期支付的广告费　B. 计件工资

C. 企业管理人员工资　D. 按直线法计提的折旧费

E. 按产量法计提的折旧费

2. 下列项目中属于固定成本的特点有（　　）。

A. 总额的不变性　B. 总额的正比例变动性

C. 单位额的不变性　D. 单位额的反比例变动性

E. 单位额的变动性

3. 在不改变企业经营方向的前提下，不宜降低成本总额，而应通过提高产品产量，降低其单位额的成本项目是（　　）。

A. 新产品开发费　　B. 机器设备折旧费

C. 员工培训费　　D. 保险费

E. 管理人员基本工资

4. 下列各项中，一般应纳入变动成本的有（　　）。

A. 办公费　　B. 计件工资

C. 按生产数量法提取的折旧　　D. 直接材料

E. 车间租赁费

5. 下列费用中，属于约束性固定成本的有（　　）。

A. 折旧费　　B. 保险费

C. 广告费　　D. 职工培训费

E. 财产税

6. 在相关范围内，变动成本应当具备的特征有（　　）。

A. 总额的不变性　　B. 总额的正比例变动性

C. 单位额的不变性　　D. 单位额的变动性

E. 单位额的反比例变动性

7. 混合成本的分解方法有（　　）。

A. 高低点法　　B. 散布图法

C. 回归直线法　　D. 账户分析法

E. 工程分析法

8. 下列费用中属于酌量型固定成本的是（　　）。

A. 房屋租金　　B. 不动产税金

C. 广告费用　　D. 技术研发费

E. 行政人员的薪金

9. 变动成本法下产品成本包括（　　）。

A. 直接材料　　B. 直接人工

C. 变动制造费用　　D. 变动管理费用

E. 变动销售费用

10. 成本按成本性态划分为（　　）。

A. 直接成本　　B. 间接成本

C. 固定成本　　D. 变动成本

E. 混合成本

11. 下列各项属于相关成本的有（　　）。

A. 沉没成本　　B. 付现成本

C. 边际成本　　D. 差量成本

E. 重置成本

12. 成本按可控性可分为（　　）。

A. 可避免成本　　B. 不可避免成本

C. 可控成本　　D. 不可控成本

E. 以上皆是

13. 横轴表示业务量，纵轴表示成本总额，则属于混合成本的有（　　）。

A. 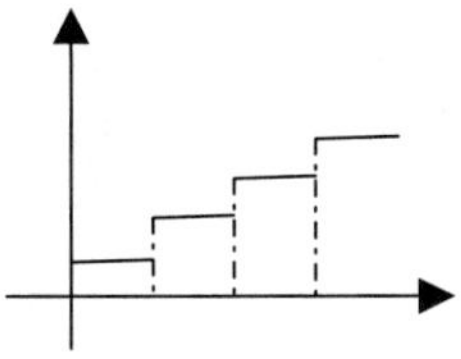

B. 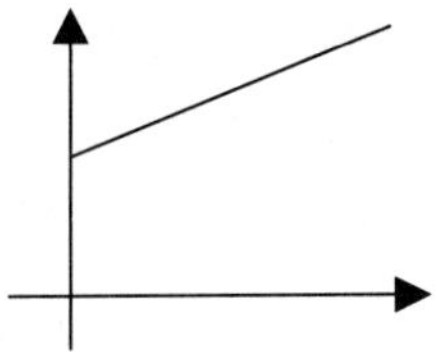

C. 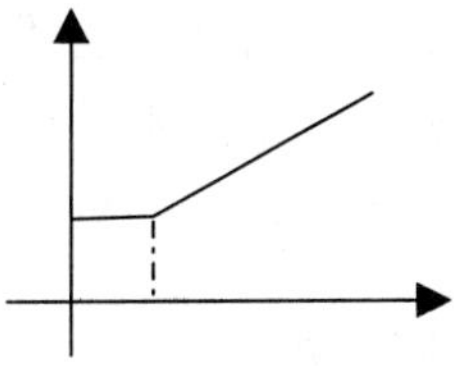

D. 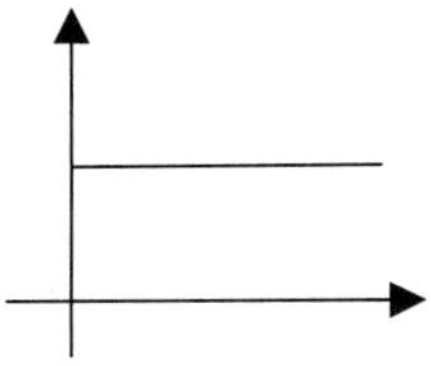

E. 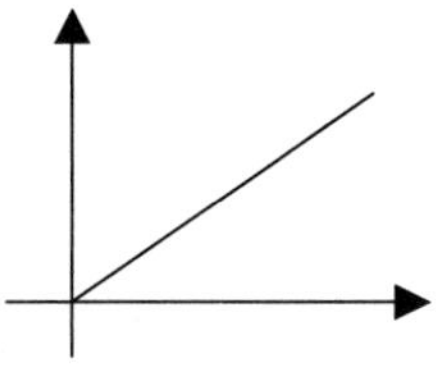

14. 采用高低点法分解混合成本时，应选择（　　）作为高低点。

A. （50，100）　　B. （50，110）

C. （100，200）　　D. （55，95）

E. （95，205）

四、判断题

1. 广告费属于酌量性固定成本。（　　）
2. 成本性态是成本总额与特定业务量之间的依存关系。（　　）
3. 成本按经济用途分，是财务会计按完全成本法进行成本核算的基础。（　　）
4. 费用分为成本和期间费用两个部分。（　　）
5. 无论哪一种混合成本，实质上都可以区分为固定部分和变动部分。（　　）
6. 通常我们所讲的降低固定成本总额就是指降低约束性固定成本。（　　）
7. 依据成本性态，可以将成本分为固定成本、变动成本和混合成本三类。（　　）
8. 成本性态是恒定不变的。（　　）
9. 变动成本法中产品成本只包括变动生产成本，固定生产成本作为期间费用。（　　）
10. 约束性固定成本与业务量无关，酌量性固定成本与业务量有关。（　　）
11. 成本性态模型 $y = a + bx$ 中的 b 是指单位变动成本。（　　）
12. 单位固定成本保持不变，与业务量无关。（　　）
13. 单位变动成本保持不变，与业务量无关。（　　）

14. 机会成本是一项实际支出，应该登记入账。 （ ）

15. 当期初存货小于期末存货时，变动成本法下的期末存货计价小于完全成本法下的期末存货计价。 （ ）

16. 高低点法的优点是计算精度高，缺点是计算过程过于复杂。 （ ）

17. 当期初存货大于期末存货时，变动成本法下的期末存货计价大于完全成本法下的期末存货计价。 （ ）

18. 工程分析法只能适用于历史成本数据较缺乏的情况。 （ ）

19. 采用完全成本法计算利润，销售量不变时，当期产量越大，利润越高。 （ ）

20. 如果一项资产只有一种用途，则不会有机会成本。 （ ）

五、简答题

1. 简述成本与费用的区别。

2. 简述相关范围的概念及意义。

3. 简述高低点法分解混合成本应注意的问题。

4. 简述工程分析法分解混合成本的步骤。

5. 简述工程分析法分解混合成本的优点。

6. 简述变动成本法的优缺点。

六、计算题

1. 某企业主要经营 A 产品，该产品近 7 期的产量及总成本资料如表 2－1 所示。

表 2－1

指标＼期间	1	2	3	4	5	6	7
产量（件）	25	28	29	30	27	26	28
总成本（千元）	71	82	83. 52	84. 5	77. 75	74. 48	81. 56

要求：用高低点法对 A 产品进行成本性态分析。

2. 20×8 年上半年，某企业发生的制造费用如表 2-2 所示。

要求：用高低点法对该企业的制造费用进行分解。

表 2-2

指标 \ 月份	1	2	3	4	5	6
产量（件）	150	200	300	150	310	250
制造费用（千元）	17	20	25	16.8	24.8	22.5

3. 某企业的设备维修费属于混合成本，20×8 年各月的实际资料如表 2-3 所示。

表 2-3

月份	1	2	3	4	5	6	7	8	9	10	11	12
机器工作时间（小时）	9	8	9	10	12	14	11	11	13	8	6	7
设备维修费（千元）	30	25	29	31	34	40	32	33	35	26	20	22

要求：用回归直线法对该企业的设备维修费进行分解。

4. 某公司本月生产甲产品 5 千吨，成本如表 2－4 所示。

表 2－4

账户	总成本（千元）
生产成本——材料	200
——工资	40
制造费用——燃料、动力	10
——修理费	1
——工资	10
——折旧费	15
——办公费	5

要求：对甲产品的成本进行分解。

5. 某公司采用一次模压成型、电磁炉烧结的方式生产精密金属零件。现以电费为成本项目，且与电磁炉预热和烧结两项操作有关。分析发现预热开始到可烧结的温度耗电 1 500 度，烧结每公斤零件耗电 200 度。公司每日采用三班倒的方式进行加工，每班电磁炉需预热一次，全月无休，电价 0. 8 元/度。

要求：对该零件每月用电的总成本进行分解。

6. 某公司月初在产品和产成品均为零，本月共生产并完工产品 2 万吨，销售产品 1.5 万吨，产品成本如表 2－5 所示。

表 2－5

账户	总成本（千元）
生产成本——材料	100
——工资	20
制造费用——燃料、动力	50
——修理费	10
——工资	20
——折旧费	150
——办公费	50

要求：分别采用变动成本法和完全成本法计算完工产品和期末存货的成本。

7. 某公司生产销售甲产品，连续 3 年产量均为 400 件，销量分别为 300 件、400 件和 500 件，价格为 20 元/件，第一年期初存货为 0。单位变动成本（含直接材料、直接人工和变动制造费用）8 元，固定制造费用年度总额为 500 元，管理费用与销售费用年度总额（均为固定成本）分别为 420 元和 480 元。

要求：分别采用变动成本法和完全成本法计算公司各年利润。

8. 某公司生产销售甲产品，连续 3 年销量均为 400 件，产量分别为 500 件、300 件和 400 件，价格为 20 元/件，第一年初存货为 0。单位变动成本（含直接材料、直接人工和变动制造费用）8 元，固定制造费用年度总额为 500 元，管理费用与销售费用年度总额（均为固定成本）分别为 420 元和 480 元。

要求：分别采用变动成本法和完全成本法计算公司各年利润。

9. A 公司最近两年只生产和销售一种产品，有关该产品的产销基本情况以及按完全成本法编制的两年利润表的数据如表 2－6 所示。每件产品分摊变动销售及管理费用 1 元，固定制造费用以生产量为基础分摊于该产品。

表 2－6

项目	第一年	第二年
产量（千件）	8	10
销售量（千件）	8	8
销售单价（元）	15	15
单位变动成本（元）	8	8
固定成本（千元）	24	24
销售收入（千元）	120	120
销售成本（千元）	88	83.2
销售毛利（千元）	32	36.8
销售及管理费用（千元）	20	20
营业利润（千元）	12	16.8

要求：

（1）按完全成本法分别计算第一年、第二年该产品的产品单位成本；

（2）第一年和第二年的产品销售量相同，销售单价和成本水平均无变动，为什么第二年的营业利润较第一年高出 4 800 元；

（3）按变动成本法编制第一年和第二年的利润表；

（4）通过对两种不同方法编制的利润表进行对比，你认为哪种方法较为合适？为什么？

七、案例分析

经理的困惑

20×8 年 3 月 18 日，某医院工业公司财务科长根据该公司各企业的会计年报表及有关文字说明，写了一份公司年度经济效益分析报告送交经理室。经理对报告中提到的甲、乙两个制药厂的情况颇感困惑：甲制药厂专门生产输液原料，20×6 年产销不景气，库存大量积压，贷款不断增加，资金频频告急，20×7 年该厂对此积极努力，一方面适当生产，另一方面则广开渠道，扩大销售，减少库存，但报表上反映的利润 20×7 年却比 20×6 年下降；乙制药厂专门生产制药原料，情况恰好与甲制药厂相反，20×7 年市场不景气，销售量比 20×6 年下降，但年度财务决算报表上几项经济指标除资金外都比上年好。

公司财务科长被经理这么一提，也觉得有问题，于是将这两个厂交上来的有关报表（如表 2－7 所示）和财务分析报告拿出来进行了进一步的研究。

表 2－7

项目	甲制药厂		乙制药厂	
	20×7 年	20×6 年	20×7 年	20×6 年
销售收入（元）	2 597 000	1 855 000	1 100 000	1 200 000
减：销售成本（元）	2 234 162	1 272 000	964 700	1 080 000
销售费用（元）	108 000	85 000	30 000	30 000
净利润（元）	254 838	498 000	105 300	90 000
存货（瓶）				
期初结存数	35 000	16 000	100	100
本期生产数	50 400	72 000	13 000	12 000
本期销售数	74 200	53 000	11 000	12 000
期末结存数	11 200	35 000	2 100	100
单位售价（元）	35	35	100	100
单位成本（元）	30.11	24	87.70	90
材料	7	7	50	50
工资	5.71	4	13.85	15
燃料和动力	3	3	10	10
制造费用	14.40	10	13.85	15

甲制药厂工资和制造费用每年分别为 288 000 元和 720 000 元，销售成本采用先进先出法。该厂在分析其利润下降原因时，认为这是生产能力没有充分利用、工资和制造费用等固定费用未能得到充分摊销所致。

乙制药厂工资和制造费用两年均为 180 000 元，销售成本也采用先进先出法。该厂在分析其利润上升的原因时，认为这是在市场不景气的情况下，为多交利润、保证国家利润不受影响，全厂职工一条心，充分利用现有生产能力，增产节支的结果。

思考题：

1. 甲制药厂和乙制药厂的分析结论正确么？为什么？
2. 如果你是公司财务科长，你会得出什么结论？如何向你的经理解释？

（资料来源：本案例改编自 https：//max. book118. com/html/2015/0410/14661121. shtm）

第3章

标准成本法

□ 学习目标

通过本章的学习，理解标准成本法的概念；了解标准成本的实施条件和实施步骤；理解标准成本的含义；了解标准成本的种类；掌握标准成本的制定方法；掌握变动成本差异计算的一般模型；重点掌握直接材料差异、直接人工差异、变动制造费用差异和固定的制造费用差异计算分析方法。

□ 学习指导

1. 学习重点：本章的重点是标准成本的制定和直接材料差异、直接人工差异、变动制造费用差异和固定的制造费用差异计算与分析。

2. 学习难点：本章的难点是直接材料差异、直接人工差异、变动制造费用差异和固定的制造费用差异计算。

□ 练习题

一、名词解释

1. 标准成本法

2. 标准成本

3. 价格标准

4. 用量标准

5. 标准工时

6. 标准工资率

7. 制造费用分配率

二、单项选择题

1. 20 世纪 20 年代，受泰勒生产过程标准化思潮的影响，（　　）首先使用标准成本法对企业的成本进行管理控制。

A. 英国　　　　B. 美国

C. 中国　　D. 日本

2. 标准成本法是成本（　　）的方法。

A. 核算　　B. 控制

C. 核算与控制相结合　　D. 分析

3. 标准成本法的前提和关键是（　　）。

A. 制定标准成本　　B. 计算成本差异

C. 分析成本差异　　D. 成本差异账务处理

4. 标准成本法的重点是（　　）。

A. 制定标准成本　　B. 计算分析成本差异

C. 成本差异账务处理　　D. 成本控制

5. 以资源无浪费、设备无故障、产出无废品、工时都有效的假设前提为依据而制定的标准成本是（　　）标准成本。

A. 基本　　B. 理想

C. 正常　　D. 现行

6. 较为适合经济形势变化无常情况下的标准成本是（　　）标准成本。

A. 基本　　B. 理想

C. 正常　　D. 现行

7. 标准成本法主要是指对产品（　　）阶段进行的控制。

A. 预算　　B. 入库

C. 销售　　D. 生产

8. 在采用变动成本法计算的企业中，单位产品的标准成本不包括（　　）标准成本。

A. 直接材料　　B. 直接人工

C. 变动制造费用　　D. 固定制造费用

9. 下列情况中，需要对基本标准成本进行修订的是（　　）。

A. 重要的原材料价格发生重大变化　　B. 工作方法改变引起的效率变化

C. 生产经营能力利用程度的变化　　D. 市场供求变化导致的售价变化

10. 成本差异是指在标准成本法下，企业在一定时期生产一定数量的产品所发生的实际成本与（　　）成本之间的差额。

A. 计划　　B. 历史

C. 标准　　D. 预算

11. 计算数量差异要以（　　）为基础。

A. 标准价格　　B. 实际价格

C. 标准成本　　D. 实际成本

12. 本月生产甲产品 8 000 件，耗用 A 材料 32 000 公斤。材料实际价格为 40 元/公斤，标准价格为 45 元/公斤。该产品 A 材料的用量标准为 3 公斤，则直接材料用量差异为

（ ）万元。

A. 36　　B. 32

C. 20　　D. 16

13. 直接人工效率差异是指单位（ ）人工工时耗用量脱离单位标准人工工时耗用量所产生的差异。

A. 实际　　B. 定额

C. 预算　　D. 正常

14. 变动制造费用实际支出与按实际工时和变动制造费用标准分配率相乘而得的预算数之间的差额是变动制造费用（ ）差异。

A. 分配率　　B. 效率

C. 耗费　　D. 能量

15. 固定制造费用的预算金额与标准成本之间的差额称为（ ）差异。

A. 耗费　　B. 效率

C. 闲置能量　　D. 能量

16. 在两差异法下，固定制造费用的差异可以分解为（ ）差异。

A. 价格差异和产量　　B. 耗费差异和效率

C. 能量差异和效率　　D. 耗费差异和能量

17. 固定制造费用的能量差异，可以进一步分为（ ）差异。

A. 生产能力利用差异和耗费　　B. 生产能力利用差异和效率

C. 耗费差异和效率　　D. 耗费差异和能量

18. 固定制造费用耗费差异是指固定制造费用的实际金额与（ ）金额之间的差额。

A. 预算　　B. 历史

C. 标准　　D. 计划

19. 下列成本差异中，无法从生产过程的分析中找出原因的是（ ）差异。

A. 变动制造费用效率　　B. 变动制造费用耗费

C. 直接材料价格　　D. 直接人工效率

20. 通常应对不利的材料价格差异负责的部门是（ ）部门。

A. 质量控制　　B. 采购

C. 工程设计　　D. 生产

21. 通常应对直接人工效率差异负责的部门是（ ）部门。

A. 生产　　B. 销售

C. 供应　　D. 管理

22. 由于生产安排不当、计划错误或调度失误等造成的损失，应由（ ）部门负责。

A. 财务　　B. 劳动

C. 生产　　D. 采购

23. 分析和控制固定制造费用是通过编制“实绩报告”，将（　　）数与实际数对比来进行的

A. 定额　　B. 预算

C. 历史最优　　D. 标准

24. 递延结转法是将本期的各种成本差异，按（　　）成本的比例分配给期末在产品、期末产成品和本期已销售产品。

A. 定额　　B. 标准

C. 实际　　D. 计划

三、多项选择题

1. 在制定标准成本时，根据所依据的生产技术与经营管理水平不同，所采取的标准有（　　）标准成本。

A. 正常　　B. 最佳

C. 现行　　D. 一般

E. 理想

2. 标准成本法的内容包括（　　）。

A. 标准成本的制定　　B. 成本差异的计算

C. 分析成本差异产生的原因　　D. 成本差异的账务处理

E. 提交成本控制报告

3. 正常标准成本是在正常生产经营条件下应该达到的成本水平，它是根据（　　）制定的标准成本。

A. 现实的耗用水平　　B. 正常的价格

C. 正常的生产经营能力利用程度　　D. 现实的价格

E. 正常的耗用水平

4. 在确定直接人工正常标准成本时，标准工时包括（　　）。

A. 直接加工操作必不可少的时间　　B. 必要的工间休息

C. 调整设备时间　　D. 不可避免的废品耗用工时

E. 因意外故障发生的停工修理时间

5. 下列标准成本差异中，通常应由生产部门负责的有（　　）差异。

A. 直接材料的价格　　B. 直接人工的效率

C. 直接人工的工资率　　D. 变动制造费用的效率

E. 变动制造费用的分配率

6. 可以套用“用量差异”和“价格差异”模式的成本项目是（　　）。

A. 直接材料　　B. 直接人工
C. 变动制造费用　　D. 固定制造费用
E. 期间费用

7. 在材料成本差异分析中，（　　）的高低所决定的。
A. 价格差异的大小是由价格脱离标准的程度以及实际采购量
B. 价格差异的大小是由价格脱离标准的程度以及标准用量
C. 数量差异的大小是由实际用量脱离标准的程度以及标准价格
D. 数量差异的大小是由实际用量脱离标准的程度以及实际价格
E. 价格差异的大小是由价格脱离标准的程度以及实际消耗量

8. 固定制造费用的“三差异”是指（　　）差异。
A. 效率　　B. 耗用
C. 生产能力利用　　D. 价格
E. 耗费

9. 下列关于固定制造费用差异的表述中，正确的有（　　）。
A. 在考核固定制造费用的耗费水平时以预算数作为标准，不管业务量增加或减少，只要实际数额超过预算即视为耗费过多
B. 固定制造费用效率差异是指固定制造费用预算金额与固定制造费用标准成本之间的差额
C. 固定制造费用能量差异的高低取决于两个因素：生产能量是否被充分利用、已利用生产能量的工作效率
D. 三因素分析法是在两因素分析法的基础上，将固定制造费用耗费差异进一步分解
E. 固定制造费用效率差异是指实际工时与标准工时不一致引发的成本差异

10. 影响材料用量差异的因素有（　　）。
A. 采购批量　　B. 材料质量
C. 工人技术熟练程度　　D. 生产设备状况
E. 产品设计变更

11. 影响人工效率的因素有（　　）。
A. 生产工人的技术水平　　B. 生产工艺过程
C. 原材料质量　　D. 设备状况
E. 资金状况

12. 成本差异按成本的构成可以分为（　　）。
A. 直接材料成本差异　　B. 价格差异
C. 直接人工成本差异　　D. 数量差异
E. 制造费用差异

13. 固定制造费用成本差异的计算方法有（　　）。

A. 两因素分析法　　B. 三因素分析法
C. 四因素分析法　　D. 变动成本差异一般计算模型
E. 以上皆是

14. 对成本差异进行期末处理的递延法是将本期的各种成本差异，按标准成本的比例分配给（　　）。

A. 期末固定资产　　B. 期末在产品
C. 期末产成品　　D. 本期已售产品
E. 期末流动资产

四、判断题

1. 标准成本是指根据现有生产技术水平，在有效的经营管理条件下，经过努力工作可以达到的目标成本。（　　）

2. 正常标准成本与现实标准成本不同的是，它需要根据现实情况的变化不断进行修改，而现行标准成本则可以保持较长一段时间固定不变。（　　）

3. 在经济形势变化无常的情况下，最为合适的标准成本是现行标准成本。（　　）

4. 在生产技术和经营管理条件变动不大的情况下，正常标准成本是一种可以较长时间采用的标准成本。（　　）

5. 从数量上看，正常标准成本大于理想标准成本，但小于历史平均水平。（　　）

6. 现行标准成本可以作为评价实际成本的依据，也可以用来对存货和销货成本进行计价。（　　）

7. 理想标准成本的主要用途是揭示实际成本下降的潜力。（　　）

8. 基本标准成本适宜用于评价工作效率和成本控制的有效性。（　　）

9. 材料成本脱离标准的差异、人工成本脱离标准的差异、制造费用脱离标准的差异，都可以分为"量差"和"价差"两部分。（　　）

10. 如果采用变动成本法计算成本，不需要制定固定制造费用的标准成本，也不需要进行固定制造费用成本差异的计算和分析，固定制造费用的控制通过预算管理来进行。（　　）

11. 固定制造费用标准分配率 = 预算固定制造费用/实际工时。（　　）

12. 产品标准成本 = 产品计划产量 × 单位产品标准成本。（　　）

13. 标准成本法是一种成本核算与控制相结合的方法。（　　）

14. 标准成本法产生于机械化大生产的时代，通常适用于大批量稳定生产的企业或产品。（　　）

15. 标准成本法可以为企业的例外管理提供数据，可以简化存货的计价及成本核算的账务处理工作。（　　）

16. 固定制造费用预算应就每个部门及明细项目分别编制，实际固定制造费用应就每

个部门及明细项目分别记录。 ( )

17. 理想标准成本因为要求高而成为最合适的标准成本。 ( )

18. 制造费用差异按其形成原因可分为价格差异和数量差异。 ( )

19. 变动成本差异计算的一般模型适用于变动制造费用成本差异的核算。 ( )

20. 固定制造费用效率差异 = 固定制造费用标准分配率 ×（实际总工时 − 实际产量标准工时） ( )

21. 直接结转法将本期的各种成本差异，按标准成本的比例分配给期末在产品、期末产成品和本期已销售产品。 ( )

22. 直接结转法可以避免期末繁杂的成本差异分配工作，同时本期发生的成本差异全部反映在本期的利润上，使利润能如实地反映本期生产经营工作和成本控制的全部成效，符合权责发生制的要求。 ( )

23. 递延结转法下，期末资产负债表的在产品和产成品项目反映的都是实际成本而不是标准成本。 ( )

五、简答题

1. 什么是标准成本法？它有何优点？

2. 简述实施标准成本法的条件和步骤。

3. 什么是成本差异？它有哪几种类型？

4. 什么是计算变动成本差异的一般模型?

5. 产生直接人工成本差异的原因主要有哪些?应怎么处理?

6. 什么是固定制造费用成本差异三因素分析模型?

六、计算题

1. 某企业生产甲产品,单位产品耗用的直接材料标准成本资料如表3-1所示,本月直接材料实际单价0.55元/公斤;本月生产产品400件,使用材料2 500公斤。

表3-1

成本项目	价格标准	用量标准	标准成本
直接材料	0.5元/公斤	6公斤/件	3元/件

要求:

(1)计算甲产品所耗用直接材料的实际成本与标准成本的差异;

(2)将差异总额进行分解。

2. 某公司生产甲产品 1 000 件，耗用 A 材料 9 000 公斤，A 材料实际价格 200 元/公斤，标准价格为 210 元/公斤。单位甲产品标准用量为 10 公斤。

要求：

（1）计算 A 材料的成本差异、价格差异和数量差异；

（2）如果固定制造费用的预算差异为 2 000 元，生产能力利用差异为 -580 元，效率差异为 1 000 元，计算固定制造费用的能量差异、耗费差异和总差异。

3. 某企业计划投产并完工 A、B 两种产品，数量分别为 160 件和 180 件，材料耗用标准分别为 8 公斤/件和 4 公斤/件，材料单位标准成本为 17 元/公斤，实际生产 A、B 的数量分别为 150 件和 200 件，实际耗用材料分别为 2 100 公斤和 840 公斤，其实际成本总共为 33 600 元。

要求：

（1）根据材料标准耗用量分配 A、B 应分摊的实际材料费用；

（2）计算 A 产品材料费用的标准单位成本和实际单位成本；

（3）分析 A 产品的材料成本差异。

4. 某公司生产乙产品10 000件，直接人工标准成本如表3－2所示，实际耗用总工时25 000小时，实际应付直接人工工资550 000元。

表3－2

项 目	标准
月标准总工时	21000小时
月标准总工资	420000元
单位产品工时用量标准	2小时/件

要求：

（1）计算标准工资率和直接人工标准成本；

（2）计算直接人工成本差异、工资率差异和效率差异。

5. 甲企业本月预计生产C产品25件，实际生产20件。本月实用人工工时950小时，实际变动制造费用2 375元，实际固定制造费用2 850元。制造费用资料如表3－3所示。

表3－3

项 目	标 准	单位成本
变动制造费用	45小时×3元/小时	135元
固定制造费用	45小时×2元/小时	90元

要求：

（1）计算变动制造费用的耗费差异和效率差异；

（2）计算固定制造费用的耗费差异、生产能力利用差异和效率差异。

6. 某企业生产一种产品，其变动制造费用标准成本为 24 元/件（3 小时/件 ×8 元/小时）。本期实际产量 1 300 件，实际工时 4 100 小时，变动制造费用 31 160 元。固定制造费用总差异 2 000 元，生产能力利用差异 -1 500 元，效率差异 500 元。

要求：

（1）计算变动制造费用的成本差异、效率差异和分配率差异；

（2）计算固定制造费用的耗费差异。

7. 某厂固定制造费用标准分配率按正常生产能力 12 000 小时计算，每小时费用预算为 2 元。该厂生产挂灯耗费的标准工时为 2.5 小时/台。本月实际生产挂灯 4 000 台，共耗费 9 500 小时，固定制造费用实际发生额为 21 750 元。

要求：用三因素法分析固定制造费用差异。

8. 甲产品单位标准工时为 2 小时/件，标准变动制造费用分配率为 5 元/小时，标准固定制造费用分配率为 8 元/小时。本月预算产量为 10 000 件，实际产量为 12 000 件，实际工时为 21 600 小时，实际变动制造费用与固定制造费用分别为 110 160 元和 250 000 元。

要求：

（1）计算变动制造费用效率差异和耗费差异；

（2）计算两差异法下的固定制造费用能量差异和耗费差异。

9. 某产品正常生产能量为 1 000 小时，制造费用按人工工时分配。本月实际产量 20 件，实际耗用材料 900 千克、人工工时 950 小时，实际成本为 17 550 元，其中直接材料 9 000元，直接人工 3 325 元，变动制造费用 2 375 元，固定制造费用 2 850 元。单位产品标准成本如表 3 –4 所示。

表 3 –4

直接材料	50 千克/件 ×9 元/千克	450 元/件
直接人工	45 小时/件 ×4 元/小时	180 元/件
变动制造费用	45 小时/件 ×3 元/小时	135 元/件
固定制造费用	45 小时/件 ×2 元/小时	90 元/件

要求：计算本月产品成本差异总额，分解为 9 种差异（固定制造费用采用“三因素分析法”）。

10. 某企业本月生产甲产品，实际投产 8 000 件，预算产量为 10 400 件，实际固定制造费用为 190 000 元，实际总工时为 13 000 小时。标准工时为 1.5 小时，标准费用分配率为 12 元。

要求：分别采用两差异分析法、三差异分析法计算甲产品固定制造费用的差异。

11. 某企业本月生产甲产品的有关资料如下：

（1）甲产品单位标准成本如表 3 -5 所示。

表 3 -5

成本项目	价格标准	用量标准	标准成本
直接材料	2.5 元/公斤	20 公斤	50 元
直接人工	6 元/工时	5 工时	30 元
变动制造费用	4 元/工时	5 工时	20 元
固定制造费用	5 元/工时	5 工时	25 元
单位产品标准成本	125 元		

（2）本月有关资料如下：

A. 本月购进材料二批，第一批 8 000 公斤，每公斤 2.2 元；第二批 13 000 公斤，每公斤 2.6 元。本月生产甲产品领用 20 000 公斤，先进先出法。原材料按实际成本核算。

B. 本月实际耗用 4 820 工时，实际工资率为 6.25 元/工时。

C. 本月实际发生固定制造费用为 25 480 元、变动制造费用为 20 700 元。

D. 本月计划产量为 1 000 件，实际投产 980 件，全部完工；本月销售 950 件，每件售价为 180 元。本月初无存货。

E. 月末采用直接处理法结转成本差异。

要求：

（1）计算领用材料的实际价格；

（2）计算各项成本差异并做出相应的会计分录；

（3）作出产品完工入库、取得销售收入、结转销售成本及成本差异的会计分录。

七、案例分析

布鲁斯公司总经理的烦恼

布鲁斯公司的主要产品是用于建筑业的层压板木梁，其制造步骤有两个步骤。第一步是从太平洋西北沿岸批发商购买白松原木，将其切割成2英寸厚、12英寸宽、长度不等的木板；第二步是将这些木板胶合在一起，构成如同三明治一样的压板木梁。这2英寸厚、12英寸宽、长度不等的木板使用的层数越多，木梁的强度就越高。布鲁斯公司制造的最常用的一种木梁的规格是20英尺长，将6层松板层压而成。在正常生产能力下，公司每月生产700根这种木梁。

产品完工后，每根木梁含240板尺的木材。然而，因为木材的节疤、弯曲、开裂和切割等发生的浪费，公司允许每制造一根20英尺长的木梁所耗用的木材标准数量为264板尺。公司所用白松原木的标准成本是0.25美元/板尺。所以，每根木梁的直接材料标准成本是66美元（264×0.25）。

将原木转换成适合于成品木梁用的木板需要投入各种直接人工来完成。例如木板必须经过切割和刨平、胶合成一体、加压，再在外层涂上保护性的封胶。布鲁斯公司已建立的直接人工是每根木梁1.5个直接人工小时，标准工资率是每小时12美元。这样，每根木梁的直接人工标准成本为18美元。

在布鲁斯公司预计的固定制造费用总额中，与木梁生产相关的是每月5 600美元。在正常生产水平为每月700根木梁时，每根木梁负担8美元（5 600/700）。此外，布鲁斯公司预计生产中的变动制造费用为每根木梁6美元。这样，公司的制造费用标准成本预计为每单位14美元。表3－6汇总了布鲁斯公司在制造20英尺层压木梁时预计发生的标准成本。

表3－6

直接材料（264板尺，每板尺0.25美元）	$66
直接人工（1.5DLH，每DLH 12美元）	18
制造费用	
固定（每月5 600美元/700单位）	8
变动（每DLH 4美元×每单位1.5DLH）	6
单位标准成本	98

3月，布鲁斯公司发生了数次生产延误。结果，公司只生产了600根木梁，月初和月末均无在产品。表3－7汇总了布鲁斯公司3月份为生产600根木梁实际发生的生产费用总额。

表3－7

直接材料（180 000板尺，每板尺0.2美元）	$36 000
直接人工（1 080DLH，每DLH 13美元）	14 040
制造费用	
固定	5 000
变动	3 680
实际总成本	58 720

4月初，布鲁斯公司的成本会计师编制了每个产品线的成本差异汇总报告，以在月度职工大会上分发。参加会议的人员有公司总经理、采购主管、生产经理、质量控制主管、员工申诉代表以及销售部门经理。以下是各发言人的观点：

1. 成本会计师。成本会计师在会议一开始时就声明，既有“好消息”，也有“坏消息”。“好消息”是，公司生产20英尺木梁多月，总制造成本第一次有了有利差异，尽管只有80美元，但她仍感到欣慰。尤其是对该产品控制制造费用的努力取得了成功，如制造费用耗费差异有了520美元的有利差异。不过，她立即表示了对几项不利差异很关注，这些差异涉及月度内所有木梁产品。为说明她的观点，她用PPT展示了相关内容。特别是工资率、人工效率和材料数量方面的差异一直是不利的。最后她还强调了这些不利差异的严重性。

2. 采购主管。紧接成本会计师发言的是采购主管。他以一种防范姿态强调，该月的不利差异没有什么了不起，一切都在他的控制中。事实上，他自夸所有产品线都有有利价格差异，如20英尺木梁就有9000美元的有利差异，使公司“在3月份免遭财务困境”。他指着成本差异汇总报告中的直接材料部分说，公司的有利价格差异补偿了生产部门的不利材料数量差异。他拍着桌子，大声说道：他为了得到一个好的价钱而跑遍了三个州，买回了最物美价廉的白松木。

3. 生产经理。生产经理面对采购主管站了起来，他言辞激烈地责备采购部门，说他们买的材料“全部是低劣货”。他告诉与会成员，他和他的同事们处理的原木颜色暗淡，满是节疤。按他的意见，这些就是导致产品线出现不利材料数量差异的直接原因。他还认为，低劣的村料质量造成了许多生产瓶颈，从而使3月份的产量大大低于正常水平。

4. 质量控制主管。质量控制主管同意生产经理的意见。她指出，公司许多的产品线，特别是20板尺木梁要么通不过质量检查，要么虽通过但数量很少。这个状况不是刚发生，仅在本月，她就挑出了许多不合格的木梁。

5. 工厂工人。工人申诉代表是由生产工人选出，代表工人来与管理部门交流意见的。与气氛已经变得很激烈的争论不同，他的视角很独特。他告诉与会成员，3月份工厂工人的士气很低落。他承认，每个生产工人都清楚，生产率正在下降（正如人工效率的不利差异所示），再加上每个人都认为材料质量低劣是许多问题的根源。他总结说，质量低劣的材料唯一的优点就是“我们加班加点，可以得到加班工资”。（加工层压木梁工资率的不利差异达 1 080 美元，原因就在于超时加班。）

6. 销售经理。销售经理说道，尽管有超时加班和额外的轮班，3 月份的需求仍然超过了产出。他告诉公司的成本会计师，不利产量差异已经产生严重影响，这是问题之一。为说明他的观点，他指出 20 板尺木梁的不利产量差异（只生产了 600 单位，而不是正常的 700 单位），仅 3 月份公司就直接损失了 16 000 美元的销售额。他还担心这些售出的木梁可能达不到顾客所期望的质量要求。他还指出，木梁若因结构性缺陷而出现问题，公司要考虑应该承担的法律责任。

听了大家的发言，公司总经理决定完善公司标准成本管理制度，以避免再次出现类似问题。

思考题：

1. 帮助成本会计师编制 20 英尺层压木梁的成本差异汇总报告？
2. 你认为布鲁斯公司成本差异产生的原因是什么？成本差异对公司产生了什么影响？
3. 布鲁斯公司标准成本管理制度存在哪些主要缺陷，如果你是公司总经理，该从哪些方面完善？

［资料来源：本案例改编自简 R. 威廉姆斯等著，赵银德等译：《会计学 企业决策的基础》（第 14 版），机械工业出版社 2010 年版。］

第 4 章

作业成本法

□ 学习目标

通过本章的学习，了解作业成本法产生的背景；明确作业成本法和传统成本计算方法的区别和联系；理解作业成本法中的相关概念；掌握作业成本法的基本原理和实施步骤；掌握作业成本法的具体应用；熟悉作业成本法的作用、应用局限。

□ 学习指导

1. 学习重点：本章的重点是掌握作业成本法中的相关概念；掌握作业成本法的基本原理；作业成本法的实施步骤；掌握作业成本法的具体应用。

2. 学习难点：本章的难点是掌握成本动因、作业动因、资源动因之间的关系，以及作业成本法的具体计算方法。

□ 练习题

一、名词解释

1. 作业成本法

2. 作业

3. 成本动因

4. 资源动因

5. 作业动因

6. 作业成本库

二、单项选择题

1. 第一个对作业成本法进行理论探讨的学者是（　　）。

A. 斯托布斯　　B. 科勒

C. 卡普兰　　D. 库珀

2. 传统成本计算法的计算对象为（　　）。

A. 资源　　B. 作业中心

C. 费用　　D. 最终产品

3. 作业成本法的成本计算是以（　　）为中心。

A. 产品　　B. 作业

C. 费用　　D. 资源

4. 使用作业成本法计算技术含量较高、生产量较小的产品，其单位成本与使用传统成本法计算相比，更（　　）。

A. 高　　B. 低

C. 两者一样　　D. 不确定

5. 作业成本法下的成本计算过程可以概括为（　　）。

A. 资源→作业　　B. 资源→产品

C. 资源→产品→作业　　D. 资源→作业→产品

6. 消耗的电力度数属于（　　）。

A. 业务动因　　B. 作业动因

C. 强度动因　　D. 资源动因

7. 下列各项中，不属于资源的是（　　）。

A. 知识产权　　B. 信息

C. 直接材料　　D. 生产加工

8. 下列有关作业成本法基本理论的观点不正确的有（　　）。

A. 企业的全部经营活动是由一系列相互关联的作业组成的

B. 企业每进行一项作业都要耗用一定的资源

C. 企业生产产品所耗费的全部成本都应该先分配到有关作业，计算作业成本，然后，再将作业成本分配到有关产品

D. 产品的成本实际上就是企业全部作业消耗资源的总和

9. 下列说法不正确的是（　　）。

A. 作业，是指企业中特定组织基于特定目的重复执行的任务或活动。

B. 一项作业对任何加工或服务对象，都必须是重复执行特定的或标准化的过程和方法

C. 执行任何一项作业都是需要耗费一定的资源

D. 一项作业必须是一项非常具体的活动

10. 下列哪个作业中心归集服务于某些特定客户所发生的作业（　　）。

A. 单位级作业中心　　B. 批次级作业中心

C. 客户级作业中心　　D. 产品级作业中心

11. 下列各项中，属于产品级作业中心的是（　　）。

A. 行政管理　　B. 财产保险

C. 产品设计　　D. 公司的广告活动

12. 下列各项中，不属于批次级作业中心的是（　　）。

A. 采购次数　　B. 耗电千瓦时数

C. 质量检验次数　　D. 生产准备次数

13. 下列各项中，属于客户级作业中心的是（ ）。

A. 工艺流程设计　　B. 产品广告

C. 特定客户的技术支持　　D. 产品检验

14. 下列各项中，属于增值作业的是（ ）。

A. 原材料储存作业　　B. 装订作业

C. 次品返工作业　　D. 质量检查作业

15. 作业成本法中划分增值与非增值作业是基于（ ）。

A. 是否有利于增加股东财富　　B. 是否有利于增加顾客的效用

C. 是否有利于降低成本　　D. 是否有利于提高产品质量

16. 某车间只生产 A. B 两种产品，本月车间搬运作业实际发生的成本为 6 300 元，本月服务于 A 产品的搬运次数是 50 次，服务于 B 产品的搬运次数是 70 次，则本月 A 产品应分配的搬运作业成本为（ ）元。

A. 4 300　　B. 3 675

C. 2 625　　D. 1 600

三、多项选择题

1. （ ）首次明确提出了作业成本法这一概念，对作业成本法的现实意义、运作程序、成本动因选择、成本库的建立等重要问题进行了全面深入的分析。

A. 斯托布斯　　B. 科勒

C. 卡普兰　　D. 库珀

2. 下列有关作业成本法、传统成本核算方法的说法中，正确的有（ ）。

A. 作业成本法与传统成本核算方法在成本分配方面完全不同

B. 作业成本法与传统成本核算方法只是间接成本的分配路径不同

C. 传统成本核算法下采用单一动因进行分配间接成本

D. 作业成本法可以使一些在传统成本计算方法下不可控的间接成本变得可控

3. 下列成本项目中，作业成本计算法和传统的成本计算法的处理并无区别的有（ ）。

A. 直接人工成本　　B. 直接材料成本

C. 生产车间管理人员工资　　D. 车间照明费

4. 作业成本法的兴起和运用与以下新的制造业环境密切相关。（ ）

A. 专业化生产　　B. 电脑辅助设计

C. 弹性制造系统　　D. 适时制生产方式

5. 下列各项关于作业成本计算法的说法中，正确的有（ ）。

A. 作业成本计算法基于资源耗费的因果关系进行成本分配

B. 作业成本法以“作业消耗资源、产出消耗作业”为原则

C. 一项作业指的是一项非常具体的业务或活动

D. 根据作业活动耗用资源的情况，将资源消耗分配给作业

6. 成本动因分为（ ）。

A. 资源动因 B. 作业动因

C. 持续动因 D. 强度动因

7. 下列属于生产维持级作业中心的有（ ）。

A. 行政管理 B. 财产保险

C. 产品设计 D. 公司的广告活动

8. 下列（ ）的成本，不随产量、批次数而变化。

A. 单位级作业中心 B. 批次级作业中心

C. 客户级作业中心 D. 产品级作业中心

9. 下列各项成本，属于单位级作业中心的有（ ）。

A. 直接材料 B. 直接能源消耗

C. 直接人工工时 D. 设备调试次数

10. 下列说法中，正确的有（ ）。

A. 资源动因是引起作业成本变动的因素

B. 资源动因是引起产品成本变动的因素

C. 作业动因是引起作业成本变动的因素

D. 作业动因是引起产品成本变动的因素

11. 下列有关“资源动因”表述正确的有（ ）。

A. 它是引起作业成本变动的因素

B. 它是引起产品成本变动的因素

C. 反映作业量与耗费之间的因果关系

D. 反映产量与作业成本之间的因果关系

12. 下列作业中属于非增值作业的有（ ）。

A. 检验作业 B. 次品返工作业

C. 印刷厂的装订作业 D. 裁缝厂的裁剪作业

13. 作业成本法的优点有（ ）。

A. 提供了相对准确的成本信息 B. 为战略管理提供信息支持

C. 可以有效促进企业管理的改善 D. 以获得更准确的产品和产品线成本

14. 作业成本法局限性的有（ ）。

A. 开发和维护费用较高

B. 作业成本法不符合对外财务报告的需要

C. 确定成本动因比较困难

D. 不利于管理控制

15. 作业成本法适用于下列哪些企业（　　）。

A. 制造费用在产品成本中占有较大比重

B. 产品品种较多

C. 有相应的技术支持

D. 企业规模较大

四、判断题

1. 传统成本计算所采用的是单一数量分配基准，作业成本计算采用多种成本动因作为分配基准。（　　）

2. 作业成本计算法与传统成本计算法下间接成本的分配路径分别是：资源—作业—产品，资源—成本—产品。（　　）

3. 当企业生产多样化明显时，传统的成本计算方式低估了生产量小而技术复杂程度高的产品的成本，高估了生产量大而技术复杂程度低的产品成本。（　　）

4. 作业成本法采用了多种成本动因作为间接成本的分配基础，因此它能提供比传统成本法更为精确的成本信息。（　　）

5. 资源动因是产品成本增加的驱动因素，以计量成本对象耗用作业的情况，并被用来作为作业成本的分配基础。（　　）

6. 资源动因是指资源被各种作业消耗的方式和原因，是作业中心的成本分配到产品中的标准。（　　）

7. 成本动因是作业成本或产品成本的驱动因素，它通常可分为资源动因和作业动因。（　　）

8. 成本动因是连接资源和产品的纽带。（　　）

9. 资源识别及资源费用的确认与计量是作业成本法最为核心的内容。（　　）

10. 作业认定要根据企业总的生产流程，自上而下进行分解。（　　）

11. 作业成本法能完全消除主观分配因素。（　　）

12. 企业的生产过程既是作业消耗资源、产品消耗作业的过程，又是产品价值的形成过程。（　　）

13. 单位级作业中心的成本是直接成本，可以追溯到每个单位产品上，即直接计入成本对象的成本计算单。（　　）

14. 生产维持级作业中心的作业，不依赖于产品的数量、批次和种类。（　　）

15. 在作业成本法下，辅助生产部门的成本在分派到具体的产品或劳务之前也是先分配至生产部门的。（　　）

16. 作业成本法涉及的仅仅是生产成本而不包括期间费用。（　　）

17. 产品质量检查属于增值作业。（　　）

18. 顾客认为可以增加其购买的产品或服务的有用性、有必要保留在企业中的作业是

增值作业。（　）

19. 间接成本占总成本比例低的行业可以不实施作业成本法。（　）

20. 制造费用在产品成本中占有较大比重和产品品种较多的企业适合采用作业成本法。（　）

五、简答题

1. 什么是作业？作业中心的类型有哪些？

2. 作业成本计算法下分配间接费用遵循的原则是什么？

3. 什么是作业成本法？作业成本计算与传统成本计算的区别是什么？

4. 作业成本计算的一般步骤是什么？

5. 简述作业成本法的优缺点。

六、计算题

1. 某企业生产甲、乙两种产品，有关资料如下：
(1) 甲、乙两种产品的基本资料如表 4 -1 所示。

表 4 -1　　甲、乙产品基本资料

产品名称	年产量（台）	单位产品机器工时（小时）	直接材料单位成本（元）	直接人工单位成本
甲	10 000	10	50	20
乙	40 000	10	30	20

(2) 企业每年制造费用总额为 2 000 000 元，传统成本计算法按机器工时分配制造费用。甲、乙两种产品的复杂程度不一样，所耗用的作业量也不一样。依据作业动因设置五个成本库。有关资料如表 4 -2 所示。

表 4 -2　　甲、乙产品作业成本资料

作业名称	成本动因	作业成本	作业动因数		
			甲产品	乙产品	合计
机器调整	调整次数	600 000	3 000	2 000	5 000
质量检验	检验次数	480 000	4 000	4 000	8 000
生产订单	订单份数	120 000	200	400	600
机器维修	维修次数	600 000	400	600	1 000
材料验收	验收次数	200 000	100	300	400
合计		2 000 000			

要求：分别用作业成本法与传统成本计算法计算上述两种产品的单位成本。

2. 新新公司生产和销售两种打印机，两种打印机的财务和成本数据如表 4 -3 所示。

表 4 -3

品种	豪华型打印机	普通型打印机
产量（台）	5 000	15 000
售价（元）	4 000	2 000
单位直接材料和人工成本（元）	2 000	800
直接人工（小时）	25 000	75 000

公司管理会计师划分了下列作业、间接成本集合及成本动因如表 4 -4 所示。

表 4 -4

作业	间接成本集合	作业动因
调整	300 万元	调整次数
机器运行	1 625 万元	机器小时
包装	75 万元	包装单数量
合计	2 000 万元	

两种产品的实际作业量如表 4 -5 所示。

表 4 -5

作业动因	豪华型打印机作业消耗	普通型打印机作业消耗	合计
调整次数（次）	200	100	300
机器小时（小时）	55 000	107 500	162 500
包装单数量（个）	5 000	10 000	15 000

要求：

（1）采用传统成本计算法，以直接人工工时为分配标准，确定两种产品的单位成本和单位利润；

（2）采用作业成本法，确定两种产品的单位成本和单位利润。

3. 资料：某企业生产甲、乙两种产品，其中甲产品 800 件，乙产品 250 件，其作业情况数据如表 4－6 所示。

表 4－6 单位：元

作业中心	资源耗用（元）	动因	动因量（甲产品）	动因量（乙产品）	合计
材料处理	18 000	移动次数	400	200	600
材料采购	25 000	订单件数	350	150	500
使用机器	35 000	机器小时	1 200	800	2 000
设备维修	22 000	维修小时	700	400	1 100
质量控制	20 000	质检次数	250	150	400
产品运输	16 000	运输次数	50	30	80
合计	136 000				

要求：按作业成本法计算甲、乙两种产品的成本，并填制表 4－7。

表 4－7 单位：元

作业中心	成本库（元）	动因量	动因率	甲产品	乙产品
材料处理	18 000	600			
材料采购	25 000	500			
使用机器	35 000	2 000			
设备维修	22 000	1 100			
质量控制	20 000	400			
产品运输	16 000	80			
合计总成本	136 000				
单位成本					

七、案例分析

案例分析一

厦门三德兴为生产硅橡胶按键的企业，主要给遥控器、普通电话、移动电话、计算器和电脑等电器设备提供按键。1985 年 11 月开始由新加坡厂商在厦门设厂生产，1999 年为美国 ITT 工业集团控股。三德兴年总生产品种约 6 000 种，月总生产型号 300 多个，每月总生产数量多达 2 千万件，月产值为人民币 1 500 万元，员工约 1 700 人。企业的生产特点为品种多、数量大、成本不易精确核算。

1997 年下半年的亚洲金融风暴造成整个硅橡胶按键市场需求量的大幅度下降，硅橡胶按键生产商间的竞争变得异常激烈，产品价格一跌再跌，产品价格已经处在产品成本的边缘。三德兴的成本核算及管理变得非常的重要。此时，硅橡胶按键已经从单纯的生产过程转向生产和经营过程，一方面，生产过程复杂化了，三德兴每月生产的产品型号多达数百个，且经常变化，每月不同，其中消耗物料达上千种，工时或机器台时在各生产车间很难精确界定，已经无法按照传统成本法对每个产品分别进行合理、准确的成本核算，也无法为企业生产决策提供准确的成本数据；另一方面，企业中的行政管理、技术研究、后勤保障、采购供应、营销推广和公关宣传等非生产性活动大大增加，为此类活动而发生的成本在总成本中所占的比重不断提高，而此类成本在传统成本法下同样难以进行合理的分配。如此一来，以直接人工为基础来分配间接制造费用和非生产成本的传统成本法变得不适用，企业开始采用作业成本法进行成本核算和管理。

三德兴实施的作业成本法包括以下三个步骤：

（一）确认主要作业，明确作业中心

作业是企业内与产品相关或对产品有影响的活动。企业的作业可能多达数百种，通常只能对企业的重点作业进行分析。三德兴作业主要划分为备料、油压、印刷、加硫和检查等五种主要作业。其中，备料作业的制造成本主要是包装物，油压作业的制造成本主要是电力的消耗和机器的占用，印刷作业的成本大多为与印刷相关的成本与费用，加硫作业的制造成本则主要为电力消耗，而检查作业的成本主要是人工费用。各项制造成本先后被归集到上述五项作业中。

（二）选择成本动因，设立成本

成本库按作业中心设置，每个成本库代表它所在作业中心里由作业引发的成本。在三德兴备料、油压、印刷、加硫和检查等五项主要作业里，对成本动因各自选择如下：

1. 备料作业。该作业很多工作标准或时间的设定都是以重量为依据。因此，该作业的制造成本与该作业产出半成品的重量直接相关，也就是说，产品消耗该作业的量与产品的重量直接相关。所以选择产品的重量作为该作业的成本动因。

2. 油压作业。该作业的制造成本主要表现为电力的消耗和机器的占用，这主要与产品在该作业的生产时间有关，即与产品消耗该作业的时间有关。因此选择油压小时作为该作业的成本动因。

3. 印刷作业。从工艺特点来看，该作业主要与印刷的道数有关，因此选择印刷道数作为该作业的成本动因。

4. 加硫作业。一方面，该作业的制造成本主要为电力消耗，而这与时间直接相关；另一方面，该作业产品的加工形式为成批加工的形式，因此，选择批产品的加硫小时作为该作业的成本动因。

5. 检查作业。该作业以人工为主，而三德兴的工资以绩效时间为基础，因此，选择检查小时作为该作业的成本动因。

此外，三德兴还有包括工程部、品管部以及电脑中心等基础作业，根据企业产品的特点，产品直接原材料的消耗往往与上述基础作业所发生的管理费用没有直接相关性，所以，在基础作业的分配中没有选择直接原材料，而是以直接人工为基础予以分配。

（三）最终产品的成本分配

根据所选择的成本动因，对各作业的动因量进行统计，再根据该作业的制造成本求出各作业的动因分配率，将制造成本分配到相应的各产品中去。然后根据各产品消耗的动因量算出各产品的总作业消耗及单位作业消耗。最后将所算出的单位作业消耗与直接原材料和直接人工相加得出各个产品的实际成本状况。

根据上述步骤，对三德兴378种型号的产品分别进行计算。可以看出：

1. 传统成本法对成本的核算与作业成本法对成本的核算有相当大的差异。作业成本法是根据成本动因将作业成本分配到产品中去，而传统成本法则是用数量动因将成本分配到产品里。按照传统成本法核算出来的成本，停止那些亏本产品型号的生产，事实上可能将是一个错误的决策。

2. 在传统成本法下完全无法得到的各作业单位和各产品消耗作业的信息却可以在作业成本法中得到充分的反映。企业从而可以分析亏本的产品型号中，究竟是哪些作业的使用偏多，进而探讨减少使用这些作业的可能。比如对于与传统成本法相比较成本较高的"20578940"型号产品，可以看出其主要的消耗在油压和加硫两项作业上，这样企业就可以考虑今后如何改善工艺，减少此类产品在这两项作业上的消耗，从而减少产品成本。

3. 对于在传统成本法中核算为亏本而在作业成本法下不亏本的产品型号，可以通过作业成本法来了解成本分配的信息。比如型号为"3DS06070ACAA"的产品在传统成本法中分配到的每单位制造成本为0.01499美元，而在作业成本法中每单位制造成本却仅为0.00054美元。从此型号的各项作业消耗实际上都很小，主要是直接人工消耗相对较大，但按照传统成本法以直接人工作为分配基础，就导致该型号产品分摊到过多的并非其所消耗的制造成本，因而出现成本虚增，传递了错误的成本信号，容易导致判断和决策上的失误。

4. 通过作业成本法的计算，可以了解到在企业总的生产过程中，哪一类作业的消耗最多，哪一类作业的成本最高，从而知道从哪个途径来降低成本，提高生产效率。

油压作业的单位动因成本最高，其作业的总成本也最大。印刷作业的成本动因量及作业总成本次之。因此，今后应对这两个作业从不同的角度来考虑如何予以进行改善，比如通过增加保温，减少每小时电力消耗的方法来降低油压作业每小时作业的成本；通过合并工序来减少印刷作业的动因量。如此，通过加强成本核算与成本管理把企业的管理水平带动到作业管理层次上来。

（资料来源：改编自作业成本法应用案例：三德兴企业 http：//www. ChinAACC. Com/new/）

思考题：

从上述案例中，可以发现作业成本法相对于传统成本计算方法有其优势，在某些类型的企业能够为成本管理提供更加准确的决策依据，作业成本法指的是什么？在企业中具体应用应具备什么条件？

案例分析二

公司采用成本加成定价法作为定价策略，按照产品成本的 125% 设定目标售价，如表 4－8 所示。

表 4－8

项目	产品 X	产品 Y	产品 Z
产品成本	207	302	126
目标售价（产品成本 ×125%）	258. 75	377. 50	157. 50
实际售价	258. 75	328	250

（一）产品销售方面的困境

近几年，公司在产品销售方面出现了一些问题。产品 X 按照目标售价正常出售。但来自外国公司的竞争迫使公司将产品 Y 的实际售价降低到 328 元，远远低于目标售价 377. 5 元。产品 Z 的售价定于 157. 5 元时，公司收到的订单的数量非常多，超过其生产能力，因此公司将产品 Z 的售价提高到 250 元。即使在 250 元这一价格下，公司收到订单依然很多，其他公司在产品 Z 的市场上无力与公司竞争。上述情况表明，产品 X 的销售及盈利状况正常，产品 Z 是一种高盈利低产量的优势产品，而产品 Y 是公司的主要产品，年销售量最高，但现在却面临困境，因此产品 Y 成为公司管理人员关注的焦点。在分析过程中，管理人员对传统成本计算法提供的成本资料的正确性产生了怀疑。他们决定使用作业成本计算法重新计算产品成本。

（二）作业成本计算法

1. 管理人员经过分析，认定了公司发生的主要作业并将其划分为几个同质作业成本库，然后将间接费用归集到各作业成本库中。归集的结果如表 4－9 所示。

表 4－9

制造费用	金额（元）
装配	1 212 600
材料采购	200 000
物料处理	600 000
起动准备	3 000
质量控制	421 000
产品包装	250 000
工程处理	700 000
管理	507 400
合计	3 894 000

2. 管理人员认定各作业成本库的成本动因并计算单位作业成本如表 4－10、表 4－11 所示。

表 4－10 成本动因

制造费用	成本动因	作业量			
		产品 X	产品 Y	产品 Z	合计
装配	机器小时（小时）	10 000	25 000	8 000	43 000
材料采购	定单数量（张）	1 200	4 800	14 000	20 000
物料处理	材料移动（次数）	700	3 000	6 300	10 000
起动准备	准备次数（次数）	1 000	4 000	10 000	15 000
质量控制	检验小时（小时）	4 000	8 000	8 000	20 000
产品包装	包装次数（次）	400	3 000	6 600	10 000
工程处理	工程处理时间（小时）	10 000	18 000	12 000	40 000
管理	直接人工（小时）	30 000	80 000	8 000	118 000

表 4－11 单位作业成本

制造费用	成本动因	年制造费用	年作业量	单位作业成本
装配	机器小时（小时）	1 212 600	43 000	28.2
材料采购	定单数量（张）	200 000	20 000	10
物料处理	材料移动（次数）	600 000	10 000	60
起动准备	准备次数（次数）	3 000	15 000	0.02
质量控制	检验小时（小时）	421 000	20 000	21.05
产品包装	包装次数（次）	250 000	10 000	25
工程处理	工程处理时间（小时）	700 000	40 000	17.5
管理	直接人工（小时）	507 400	118 000	4.3

3. 将作业成本库的制造费用按单位作业成本分摊到各产品（见表 4－12）。

表 4－12

项目	单位作业成本	X 产品		Y 产品		Z 产品	
		作业量	作业成本（元）	作业量	作业成本（元）	作业量	作业成本（元）
装配	28.2	10 000	282 000	25 000	705 000	8 000	225 600
材料采购	10	1 200	12 000	4 800	48 000	14 000	140 000
物料处理	60	700	42 000	3 000	180 000	6 300	378 000
起动准备	0.02	1 000	20	4 000	80	10 000	200
质量控制	21.05	4 000	84 200	8 000	168 400	8 000	168 400
产品包装	25	400	10 000	3 000	75 000	6 600	165 000
工程处理	17.5	10 000	175 000	18 000	315 000	12 000	210 000
管理	4.3	30 000	129 000	80 000	344 000	8 000	34 400
合计	–	–	734220	–	1 835 480	–	1 321 600

4. 经过重新计算，管理人员得到的产品成本资料如表 4 – 13 所示。

表 4 – 13

项目	产品 X	产品 Y	产品 Z
直接材料	500 000	1 800 000	80 000
直接人工	580 000	1 600 000	160 000
装配	282 000	705 000	225 600
材料采购	12 000	48 000	140 000
物料处理	42 000	180 000	378 000
起动准备	20	80	200
质量控制	84 200	168 400	168 400
产品包装	10 000	75 000	165 000
工程处理	175 000	315 000	210 000
管理	129 000	344 000	34 400
合计（元）	1 814220	5 235 480	1 561 600
产量	10 000	20 000	4 000
单位产品成本（元）	181. 422	261. 774	390. 4

（三）问题的解决（见表 4 – 14）

表 4 – 14　　单位：元

项目	产品 X	产品 Y	产品 Z
产品成本（传统成本计算法）	207	302	126
产品成本（作业成本计算法）	181. 422	261. 774	390. 4
目标售价（传统成本计算法下产品成本 ×125%）	258. 75	377. 5	157. 5
目标售价（作业成本计算法下产品成本 ×125%）	226. 78	327. 22	488
实际售价	258. 75	328	250

采用作业成本计算法取得的产品成本资料令人吃惊。产品 X 和产品 Y 在作业成本法下的产品成本都远远低于传统成本计算法下的产品成本。这为公司目前在产品 Y 方面遇到的困境提供了很好的解释。根据作业成本法计算的产品成本，产品 Y 的目标售价应是 327. 22 元，公司原定 377. 5 元的目标售价显然是不合理的。公司现有的 328 元的实际售价与目标售价基本吻合。产品 X 的实际售价 258. 75 元高于重新确定的目标售价 226. 78 元，是一种高盈利的产品。产品 Z 在传统成本法下的产品成本显然低估了，公司制定的目标售价过低，导致实际售价 250 元低于作业成本计算得到的产品成本 390. 4 元。如果售价不能提高或产品成本不能降低，公司应考虑放弃生产产品 Z。

思考题：

（1）M 公司的管理人员为什么利用作业成本计算法进行产品成本计算？

（2）利用作业成本计算法进行产品成本计算如何影响公司的定价策略？

（3）如何利用作业成本法提供的相对准确的信息对公司的其他决策进行分析调整？

第 5 章

本—量—利分析

□ 学习目标

通过本章的学习，理解本－量－利分析的基本假设；掌握本－量－利分析、盈亏临界点（保本点）、盈亏临界点作业率、经营杠杆、边际贡献、边际贡献率等概念；重点掌握保本点的计算、因素变动对保本点的影响、目标利润分析等计算方法；了解保本点分析图。

□ 学习指导

1. 学习重点：本章的重点是掌握以保本点计算为基本，进一步分析因素变动对保本点的影响，以及目标利润实现的相关计算方法。

2. 学习难点：本章的难点是多品种下的保本点的计算；掌握目标利润的实现途径。

□ 练习题

一、名词解释

1. 本－量－利分析

2. 盈亏临界点（保本点）

3. 经营杠杆

4. 边际贡献

5. 单位边际贡献率

6. 综合边际贡献率

7. 敏感性分析

8. 敏感系数

二、单项选择题

1. （　　）是本—量—利分析最基本的假设，是本—量—利分析的出发点。

A. 相关范围假设　　B. 模型线性假设

C. 产销平衡假设　　D. 品种结构不变假设

2. 某产品保平点为1 000台，实际销售1 500台，每台单位贡献毛益为10元，则实际获利额为（　　）元。

A. 15 000　　B. 10 000

C. 25 000　　D. 5 000

3. 在单位式盈亏临界图中，产品销售单价线与（　　）的交点即为盈亏临界点。

A. 单位成本线　　B. 单位固定成本线

C. 单位变动成本线　　D. 利润线

4. 在利量式盈亏临界图中，若横轴代表销售额，则利润线的斜率代表（　　）。

A. 单位贡献毛益率　　B. 变动成本率

C. 贡献毛益率　　D. 单位变动成本

5. 在各种盈亏临界图中，（　　）更符合变动成本法的思路。

A. 传统式　　B. 贡献毛益式

C. 利量式　　D. 单位式

6. 已知森达公司为生产和销售单一产品公司，该公司计划每月销售量为1 000盒，销售单价为50元，单位变动成本30元，固定成本总额25 000元，则销售量、单价、单位变动成本、固定成本各因素的敏感程度由低到高排列等顺序是（　　）。

A. 固定成本、单位变动成本、销售量、单价

B. 固定成本、销售量、单位变动成本、单价

C. 销售量、固定成本、单位变动成本、单价

D. 单位变动成本、固定成本、销售量、单价

7. 中达公司只生产一种产品，单位变动成本为36元，固定成本总额为4 000元，产品单位售价为56元，要使安全边际率达到50%，该企业的销售量应达到（　　）件。

A. 143　　B. 400

C. 500　　D. 222

8. 本－量－利分析的各种基本假设背后有一条共同的假设，即（　　）。

A. 成本可以合理地分为固定成本和变动成本

B. 收到成本配比假设

C. 相关范围假设

D. 产销平衡假设

9. 圣达公司只生产一种产品，月计划销售600件，单位变动成本6元，月固定成本

1 000元，欲实现利润 1 640 元，则单价应为（　　）元。

A. 14.6　　B. 10.6

C. 16.4　　D. 10.4

10. 森腾公司只生产一种产品，该产品的单位变动成本为 6 元，固定成本总额为 5 000 元，公司确定的目标利润为 4 000 元，产品单价为 15 元。要实现目标利润，该产品的销售量最少应达到（　　）件。

A. 556　　B. 444

C. 600　　D. 1 000

11. M 公司只生产一种产品，单价 6 元，单位变动生产成本 4 元，单位销售和管理变动成本 0.5 元，销量 500 件，则其产品边际贡献为（　　）元。

A. 750　　B. 850

C. 650　　D. 950

12. 福特公司销售收入为 20 万元，边际贡献率为 60%，其变动成本总额为（　　）万元。

A. 12　　B. 4

C. 8　　D. 16

13. 生产单一品种产品企业，保本点销售额为（　　）。

A. 保本销售量 × 单位利润

B. 固定成本总额 ÷ 贡献毛益率

C. 固定成本总额 ÷ 综合贡献毛益率

D. 固定成本总额 ÷ 贡献毛益

14. 生产多品种产品企业测算综合保本点销售额 = 固定成本总额 ÷（　　）。

A. 单价 − 单位变动成本　　B. 贡献毛益率

C. 综合贡献毛益率　　D. 单位贡献毛益

15. 下属因素中导致保本点销售量上升的是（　　）。

A. 销售量上升　　B. 产品单价下降

C. 固定成本下降　　D. 产品单位变动成本下降

16. 已知产品销售单价为 24 元，保本点销售量为 150 件，销售额可达 4 800 元，则安全边际率为（　　）。

A. 33.33%　　B. 25%

C. 50%　　D. 20%

17. 如果产品的单价与单位变动成本上升的百分率相同，其他因素不变，则保本点销售量（　　）。

A. 上升　　B. 下降

C. 不变　　D. 不确定

18. 销售量不变，保本点越高，则能实现的利润（　　）。

A. 越小　　B. 不变

C. 越大　　D. 不确定

19. 下列因素单独变动时，不对保本点产生影响的是（　　）。

A. 单价　　B. 目标利润

C. 成本水平　　D. 销售量

20. 明达公司每月固定成本 1 000 万元，单价 10 万元，计划销售 600 台，欲实现目标利润 800 万元，其单位变动成本为（　　）万元。

A. 10　　B. 9

C. 8　　D. 7

三、多项选择题

1. 在盈亏临界图中，盈亏临界点的位置取决于（　　）等因素。

A. 固定成本　　B. 单位变动成本

C. 销售量　　D. 销售单价

E. 产品成本

2. 本—量—利分析的基本假设包括（　　）。

A. 相关范围假设　　B. 模型线性假设

C. 产销平衡假设　　D. 品种结构不变假设

E. 盈亏临界点假设

3. 在传统式盈亏临界图中，下列描述正确的是（　　）。

A. 在总成本既定的情况下，销售单价越高，盈亏临界点越低

B. 在总成本既定的情况下，销售单价越高，盈亏临界点越高

C. 在销售单价、单位变动成本既定的情况下，固定成本越大，盈亏临界点越高

D. 在销售单价、固定成本总额既定的情况下，单位变动成本越高，盈亏临界点越高

E. 在销售单价、固定成本既定的情况下，单位变动成本越高，盈亏临界点越低

4. 下列项目中，其变动可以改变保本点位置的因素包括（　　）。

A. 单价　　B. 单位变动成本

C. 销售量　　D. 固定成本

E. 目标成本

5. 下列各等式中成立的有（　　）。

A. 变动成本率 + 安全边际率 = 1　　B. 边际贡献率 + 安全边际率 = 1

C. 边际贡献率 + 变动成本率 = 1　　D. 安全边际率 + 保本作业率 = 1

E. 变动成本率 + 保本作业率 = 1

6. 经营杠杆系数通过以下公式计算（　　）。

A. 利润变动率 ÷ 业务量变动率　　B. 业务量变动率 ÷ 利润变动率

C. 基期边际贡献 ÷ 基期利润　　D. 基期利润 ÷ 基期边际贡献

E. 销售量的利润灵敏度 × 100%

7. 安全边际率通过以下公式计算（　　）。

A. 安全边际量 ÷ 实际销售量　　B. 保本销售量 ÷ 实际销售量

C. 安全边际额 ÷ 实际销售额　　D. 保本销售额 ÷ 实际销售额

E. 安全边际量 ÷ 安全边际额

8. 生产单一品种产品的企业，保本销售额通过公式（　　）计算。

A. 保本销售量 × 单位利润

B. 固定成本总额 ÷ 单位边际利润

C. 固定成本总额 ÷（单价 - 单位变动成本）

D. 固定成本总额 ÷ 综合边际利润率

E. 固定成本总额 ÷ 边际利润

9. 边际贡献除了以总额的形式表现外，还包括以下表现形式（　　）。

A. 单位边际贡献　　B. 税前边际率

C. 安全边际额　　D. 营业收入

E. 边际贡献率

10. 本量利分析基本内容有（　　）。

A. 保本点分析　　B. 安全性分析

C. 利润分析　　D. 成本分析

E. 保利点分析

11. 从保本图得知（　　）。

A. 保本点右边，成本大于收入，是亏损区

B. 销售量一定的情况下，保本点越高，盈利区越大

C. 实际销售量超过保本点销售量部分即是安全边际

D. 在其他因素不变的情况下，保本点越低，盈利区域越小

E. 安全边际越大，盈利区域越大

12. 贡献毛益率的计算公式可表示为（　　）。

A. 1 - 变动成本率　　B. 贡献毛益/销售收入

C. 固定成本/保本点销售量　　D. 固定成本/保本点销售额

E. 单位贡献毛益/单价

13. 在传统式本量利关系图上，保本点的位置是由下列（　　）线段决定的。

A. 单位边际贡献　　B. 税前边际率

C. 安全边际额　　D. 营业收入

E. 边际贡献率

14. 保本点的表现形式有（　　）。

A. 保本额　　B. 保本量

C. 保本作业率　　D. 变动成本率

E. 边际贡献率

15. 下列各项中，可以判定企业是否处于保本状态的标志有（　　）。

A. 安全边际率为0　　B. 边际贡献等于固定成本

C. 收支相等　　D. 保本作业率为0

E. 边际贡献率等于变动成本率

16. 下列指标中，会随单价同方向变动的有（　　）。

A. 保本点　　B. 单位变动成本

C. 变动成本率　　D. 单位边际贡献

E. 边际贡献率

17. 在企业组织多品种经营的情况下，可用于进行保本分析的方法有（　　）。

A. 加权平均法　　B. 分算法

C. 顺序法　　D. 回归分析法

E. 主要品种法

四、判断题

1. 产销不平衡是导致变动成本法与完全成本法存在诸多差异的最直接、最根本的原因。（　　）

2. 企业各种产品提供的贡献毛益即是企业的营业毛利。（　　）

3. 单一品种情况下，盈亏临界点的销售量随贡献毛益率的上升而上升。（　　）

4. 利用利量式盈亏临界图分析多品种的本量利关系时，应按各种产品的销售量高低排序。（　　）

5. 销售利润率可以通过贡献毛益率和安全边际相乘求得。（　　）

6. 在传统式盈亏临界图中，可以用横轴表示销售收入量，用纵轴表示成本，纵轴与横轴的金额最好保持一致，此时总成本线的仰角应大于45度。（　　）

7. 盈亏临界点的贡献毛益刚好等于总成本，超过盈亏临界点的贡献毛益大于总成本，也就是实现了利润。（　　）

8. 利量式盈亏临界图是各种盈亏临界图中最简单的一种，更易于为企业的管理人员所接受。因为它最直接地表达了销售量与利润之间的关系。（　　）

9. 在进行本量利分析时，不需要任何假设条件。（　　）

10. 本量利分析应用的前提条件与成本性态分析假设是相同的。（　　）

五、简答题

1. 简述本量利分析的基本假设。

2. 试说明本量利分析中“相关范围假设”的具体含义。

3. 简述本量利分析各假设背后的共同点。

4. 贡献毛益式保本图的绘制方法。

5. 单位式保本图与一般保本图相比有何特点。

6. 本量利分析建立的基础。

六、计算题

1. 菲达公司生产和销售单一产品，该产品单位售价为 80 元，单位变动成本 50 元，固定成本 60 000 元。

要求：计算保本点销售量。

2. 圣德公司生产和销售 A、B、C 三种产品。该公司计划年度三种产品的品种构成比例不变，计划销售单价分别为 80 元、90 元和 100 元，单位变动成本分别为 50 元、70 元和 60 元，销售量分别为 5 000 件、3 000 件和 2 000 件。计划年度固定成本总额174 000元。

要求：计算三种产品的保本点销售量。

3. 森胜公司为生产和销售单一产品公司，当年有关数据资料如下：销售产品 4 000 件，产品单价 80 元，单位变动成本 50 元，固定成本总额 50 000 元，实现利润 70 000 元，计划年度目标利润 100 000 元。

要求：根据上述资料计算：

（1）实现目标利润的销售量；

（2）计算销售量、销售单价、单位变动成本及固定成本的敏感系数。

4. 美亚公司只生产一种产品，单位售价为 10 元，每月销售量为 2 000 件，单位变动成本为 8 元，每月固定成本为 3 000 元。为了增加利润，有两个方案可供选择：（1）将售价降低 0.5 元，销售量可增加 35%；（2）不降低售价而每月花 500 元做广告，销售量可增加 20%。

要求：根据上述问题，试问哪个方案更为有利？

5. 多能公司 2019 年 2 月实际的销售量为 1 000 台，每台售价为 200 元，单位变动成本为 90 元，营业净利为 55 000 元。

要求：根据上述资料计算：

（1）经营杠杆系数；

（2）2019 年 3 月份计划增加销售量 5%，试用经营杠杆系数预测营业净利。

6. 实达公司假设只产销一种产品（单位：瓶），本年度的销售总收入为 150 000 万元，净利润为 12 000 万元。按该公司的计划，下年度销售量将减少 10%，销售量降低后，该公司净利将下降 75%。如果下年度的销售单价仍维持 40 元，单位变动成本与固定成本总额也维持不变。

要求：预测该公司下年度的保本点销售量。

7. 假定振兴公司目前每年生产甲产品 40 000 台，销售单价 18 万元，单位变动成本为 10 万元，固定成本总额为 135 000 万元，每年可实现利润 185 000 万元。现根据该公司的生产能力及市场调查，将计划年度的目标利润定为 250 000 万元。

要求：计算影响计划年度目标利润的各有关因素应怎样变动才能保证目标利润的实现。

8. 已知 S 公司同时生产 A、B、C 三种产品，计划年度三种产品的产销量分别为 45 000件、45 000 件、30 000 件，公司固定成本总额为 313 500 元，单位产品的相关资料如表 5 –1 所示。

表 5 –1　　S 公司产品相关信息表　　单位：元

项目	A	B	C
单价	10	5	2.5
单位变动成本	7.5	3	1
单位贡献毛益	2.5	2	1.5

要求：计算 S 公司计划年度保本点三种产品的销售额。

七、案例分析

案例分析一

无锡小天鹅股份有限公司是经江苏省体改委苏体改生（1993）253 号文批复组建的定向募集股份有限公司。1996 年 7 月本公司经江苏省人民政府（1996）52 号文批准，并经国务院证券委证委发（1996）14 号文和深圳市证券管理办公室深证办函（1996）4 号文批准，公开发行了 7 000 万股 B 股并转为社会公众公司，于 1996 年 7 月正式在深圳证券交易所挂牌交易。1997 年 3 月本公司经中国证券监督管理委员会证监发字（1997）54 号文和证监发字（1997）55 号文批准，采用“上网定价”发行方式，公开发行 6 000 万股人民币普通股，于 1997 年 3 月正式在深圳证券交易所挂牌上市。

公司经营范围主要有家用电器、工业陶瓷产品、环保型干洗设备、清洗机械设备、后续整理设备及零配件的制造、销售及售后服务；洗涤服务机械加工；自营和代理各类商品及技术的进出口业务（但国家限定企业经营或禁止进出口的商品和技术除外）；家电技术服务；对外承包工程（凭有效资质证书经营）；利用自有资金对金融业进行投资。

公司主营业务：家用电器及零配件等的生产、销售和技术服务。公司在主营业务构成比例中，家用电器制造占 90% 以上的比重。

假设公司每台洗衣机的平均售价为 3 000 元，单台变动成本为 2 200 元，固定成本总额为 600 万元，税率为 25% 。

思考题：

1. 根据上述案例及相关的信息资料，分析公司销售多少台洗衣机才可以保本？
2. 如果公司新的一年的目标利润想要达到 15 000 万元，本年需要销售多少台洗衣机？

第 6 章

企业经营预测分析

□ 学习目标

通过本章的学习，熟悉经营预测的含义、一般方法及程序；掌握销售预测、成本预测、利润预测以及资金量预测的基本方法；熟练掌握销售预测的趋势分析法和因果预测分析法；熟练掌握成本预测的趋势分析法和因果预测分析法；熟练掌握利润预测的因素分析法和经营杠杆系数法；熟练掌握资金量预测的资金增长趋势预测法和预计资产负债表法。

□ 学习指导

1. 学习重点：本章的重点是掌握销售预测、成本预测、利润预测以及资金量预测的基本方法及其具体运用。

2. 学习难点：本章的难点是掌握趋势分析法和因果预测分析法在经营预测分析中的具体运用。

□ 练习题

一、名词解释

1. 企业经营预测分析

2. 定量分析法

3. 定性分析法

4. 趋势预测分析法

5. 因果分析法

6. 销售预测

7. 成本预测

8. 可比产品

9. 不可比产品

10. 利润预测

11. 经营杠杆

12. 资金需要量预测

13. 预计资产负债表法

二、单项选择题

1. 企业经营预测的对象包括对产品销售市场、产品生产成本、利润以及（　　）等方面的预测。

A. 资金需要量　　B. 流动资金需要量

C. 固定资金需要量　　D. 材料需要量

2. 预测分析方法包括（　　）。

A. 定性分析法　　B. 趋势分析法

C. 因果预测分析法　　D. 以上都正确

3. 下面适用于销售业务略有波动的产品的预测方法是（　　）。

A. 加权平均法　　B. 移动平均法

C. 趋势平均法　　D. 平滑指数法

4. 预测方法分为两大类，是指定量分析法和（　　）。

A. 平均法　　B. 定性分析法

C. 回归分析法　　D. 指数平滑法

5. 假设平滑指数 =0.6，9 月份实际销售量为 600 千克，原来预测 9 月份销售量为 630 千克，则预测 10 月份的销售量为（　　）。

A. 618 千克　　B. 600 千克

C. 612 千克　　D. 630 千克

6. 企业根据现有的经济条件和掌握的历史资料以及客观事物的内在联系，对生产经营活动的未来发展趋势和状况进行的预计和测算的过程，就是管理会计的（　　）。

A. 经营决策　　B. 经营预测

C. 生产决策　　D. 生产预测

7. 下列各项中，属于因果预测分析法的是（　　）。

A. 趋势平均法　　B. 移动平均法

C. 回归分析法　　D. 平滑指数法

8. 下列各项中，不属于定量分析法的是（　　）。

A. 判断分析法　　B. 算术平均法

C. 回归分析法　　D. 平滑指数法

9. 下列各项中，不属于定性分析法的是（　　）。

A. 判断分析法　　B. 专家小组法

C. 加权平均法　　D. 德尔菲法

10. 通过函询方式，在互不通气的前提下向若干经济专家分别征求意见的方法是（　　）。

A. 专家函询法　　B. 专家小组法

C. 专家个人意见集合法　　D. 德尔菲法

11. 下列各种销售预测方法中，属于没有考虑远期销售业务量对未来销售状况会产生不同影响的方法是（　　）。

A. 移动平均法　　B. 算术平均法

C. 加权平均法　　D. 平滑指数法

12. 在销售量波动较大时，采用平滑指数法进行销售预测应选择的指数是（　　）。

A. 固定的平滑指数　　B. 较小的平滑指数

C. 较大的平滑指数　　D. 任意数值的平滑指数

13. 已知企业上年利润为 20 000 元，下一年的经营杠杆系数为 2.8，预计销售量变动率为 10%，则下年利润预测额为（　　）。

A. 25 600 元　　B. 24 000 元

C. 22 000 元　　D. 56 000 元

14. 经营杠杆系数等于 1，说明（　　）。

A. 固定成本等于 0　　B. 固定成本大于 0

C. 固定成本小于 0　　D. 与固定成本无关

15. 不可比产品是指企业以往年度（　　）生产过、其成本水平无法与过去进行比较的产品。

A. 从来没有　　B. 没有正式

C. 没有一定规模　　D. 没有计划

16. 不可比产品成本预测中的目标成本法是指根据（　　）构成来制定产品目标成本的一种方法。

A. 产品价格　　B. 产品成本

C. 利润　　D. 销售收入

17. 产品品种结构变化对利润的影响是由于不同品种的产品利润率的不同，而预测下期利润时，是以本期各种产品的（　　）为依据的。

A. 个别利润率　　B. 平均利润率

C. 加权平均利润率　　D. 利润总额

18. 资金增长趋势预测法，就是运用（　　）原理对过去若干期间销售收入（或销售量）及资金需用量的历史资料进行分析、计量后，确定反映销售收入与资金需用量之间的回归直线 $y = a + bx$，并据此推算未来期间资金需用量的一种方法。

A. 回归分析法　　B. 判断分析法

C. 加权平均法　　D. 季节预测分析法

三、多项选择题

1. 预测分析的基本内容（　　）。

A. 销售预测　　B. 利润预测

C. 成本预测　　D. 资金需要量预测

E. 产品预测

2. 趋势分析法包括（　　）。

A. 算术平均法　　B. 加权平均法

C. 指数平滑法　　D. 回归分析法

E. 因果分析法

3. 成本预测包括（　　）。

A. 目标成本预测　　B. 成本因素预测法

C. 资金预测　　D. 历史成本预测法

E. 因果分析法

4. 在同一产销量水平基础上，经营杠杆系数越大，则（　　）。

A. 利润变动的程度就越大　　B. 风险就越大

C. 利润变动的程度就越小　　D. 风险就越小

E. 无法确定

5. 定量分析法包括（　　）。

A. 判断分析法　　B. 集合意见法

C. 非数量分析法　　D. 趋势分析法

E. 因果预测分析法

6. 当预测销售量较为平稳的产品销量时，较好的预测方法为（　　）。

A. 算术平均法　　B. 移动平均法

C. 修正的时间序列回归法　　D. 因果预测分析法

E. 判断分析法

7. 经营杠杆系数通过以下公式计算（　　）。

A. 利润变动率/业务量变动率　　B. 业务量变动率/利润变动率

C. 基期贡献边际/基期利润　　D. 基期利润/基期贡献边际

E. 销售量的利润灵敏度 $\times 10$

8. 较大的平滑指数可用于（　　）情况的销量预测。

A. 近期　　B. 远期

C. 波动较大　　D. 波动较小

E. 长期

9. 平滑指数法实质上属于（　　）。

A. 平均法　　B. 算术平均法

C. 因果预测分析法　　D. 趋势分析法

E. 特殊的加权平均法

10. 下列各项中，属于目标利润预测分析必须经过的步骤有（　　）。

A. 确定目标利润率标准　　B. 计算目标利润基数

C. 进行本量利分析　　D. 确定目标利润修正值

E. 确定最终目标利润

11. 下列各项中，属于企业为实现目标利润应采取措施的有（　　）。

A. 在其他因素不变的情况下，提高单价

B. 在其他因素不变的情况下，增加销售量

C. 在其他因素不变的情况下，降低固定成本

D. 在其他因素不变的情况下，降低单位变动成本

E. 采取综合措施

12. 目标成本方案的提出方法包括（ ）。

A. 按目标利润预测目标成本

B. 以本企业历史最好成本水平最为目标成本

C. 以本企业历史最高的成本作为目标成本

D. 以国内外同类产品的先进成本水平作为目标成本

E. 以标准成本、计划成本或定额成本作为目标成本

13. 下列各项中，可用于销售预测的方法包括（ ）。

A. 指数平滑法　　B. 加权平均法

C. 回归分析法　　D. 个人判断法

E. 趋势平均法

14. 资金需要量的预测，就是根据企业的（ ），预计和测算企业为完成生产经营任务所需要的资金量。

A. 生产经营目标　　B. 生产经营规模

C. 资金状况　　D. 现有的生产能力

E. 现金流量

15. 不可比产品成本预测的主要方法有（ ）。

A. 技术测定法　　B. 产值成本法

C. 因果预测分析法　　D. 目标预测法

E. 回归分析法

四、判断题

1. 预测分析是企业决策分析的前提。（ ）

2. 凡是顾客数量有限，调查费用不高，每户顾客意向明确又不会轻易改变的，均可以采用调查分析法进行预测。（ ）

3. 德尔菲法是由若干个专家组成几个预测小组进行综合论证的一种方法。（ ）

4. 当各期的销售量呈现较大波动时，可采用算术平均法进行预测销售。（ ）

5. 平滑指数取值越小，则近期实际数对预测结果的影响就大。（ ）

6. 单价和销售量增加引起利润增加，被称为逆指标。（ ）

7. 经营杠杆系数指在一定的产销量基础上，利润的变动率是产销量变动率的倍数。（ ）

8. 在进行长期预测或者销售量波动较小的预测时，平滑指数应取得适当小些；短期预测或者销售量波动较大的预测时，平滑指数应取得适当大些。（ ）

9. 算术平均法的优点是考虑了时间序列的变化趋势。（ ）

10. 经营杠杆效应是指在单价、单位变动成本和固定成本不变的情况下，销售量的变动率一定会小于利润的变动率。（ ）

11. 按照各个观察值与预测值不同的相关程度分别规定适当的权数，是运用加权平均

法进行预测销售的关键。（　　）

12. 定性分析法与定量分析法在实际应用中是相互排斥的。（　　）

13. 成本预测是其他各项预测的前提。（　　）

14. 预测分析应考虑到可能发生的误差，并能通过对误差的检验进行反馈，以尽量减少误差。（　　）

15. 因果预测法就是回归分析法。（　　）

16. 产品品种结构变化对利润的影响是由于不同品种的产品利润率的不同，而预测下期利润时，是以本期各种产品的平均利润率为依据的。（　　）

17. 如果指数平滑系数 a 的取值越大，则近期实际销售量对预测结果的影响也越大；如果 a 的取值越小，则近期实际销售量对预测结果的影响也越小。（　　）

18. 采用技术测定法对不可比产品成本进行预测，工作量较大，所以只对品种少、技术资料比较齐全的产品比较适用。（　　）

五、简答题

1. 简述企业经营预测分析的程序。

2. 算术平均法与加权平均法的适用范围是什么？

3. 影响企业销售量的因素有哪些？

4. 简述销售预测中定性分析法和定量分析法的优点和缺点。

5. 简述成本预测的基本程序。

6. 简述利润预测的基本程序。

7. 简述资金需要量预测的一般程序。

六、计算题

1. 假设某企业 20×8 年 1~12 月份的销售量资料如表 6-1 所示。

表 6-1

月份	1	2	3	4	5	6	7	8	9	10	11	12
销售量（件）	750	800	850	790	880	820	780	830	880	850	840	850

要求：分别按以下方法预测 20×9 年 1 月份的销售量。

（1）按算术平均法预测 20×9 年 1 月份的销售量。

（2）假设以 4 期作为一个移动计算周期，按移动平均法预测 20×9 年 1 月份的销售量。

（3）假设以 8～12 月的销售量作为依据，$n=5$，$w_1=0.2$，$w_2=0.15$，$w_3=0.15$，$w_4=0.3$，$w_5=0.2$，按加权平均法预测 20×9 年 1 月份销售量。

（4）按平滑指数法预测 20×9 年 1 月份销售量。（假设 20×8 年 12 月份销售量预测数为 860 件，平滑指数为 0.3）

2. 假设某企业 20×8 年度某产品平均单位产品成本 800 元，产量 1000 件，总成本 800 000元，资料如表 6－2 所示。

表 6－2

项目	单位成本（元）	总成本（元）
材料	200	200 000
燃料及动力	150	150 000
工资及福利费	250	250 000
制造费用	200	200 000
合计	800	800 000

假设材料、燃料及动力、工资及福利费为变动费用，制造费用全为固定费用，20×9 年各要素的影响程度为：产量增加 20%，材料单价降低 2%，材料消耗降低 1%，燃料及动力消耗量降低 2.5%，制造费用增加 5%。

要求：预测 20×9 年该产品的总成本和单位成本。

3. 某企业销售产品 300 件，单价为 250 元，单位变动成本为 160 元，实现利润 20 000元。

要求：

（1）计算该企业的经营杠杆系数。

（2）如果销量增加 6%，则其利润是多少？

4. 某企业连续三年的有关资料如表 6－3 所示。

表 6－3

项目年份	20×6	20×7	20×8
销售量	12000	12500	12000
单位边际贡献	50	40	55
固定成本	300000	350000	400000

要求：

（1）利用简化公式求 20×7 和 20×8 年的经营杠杆系数。

（2）预测 20×9 年的经营杠杆系数。

（3）假设 20×9 年预计销售量变动率为 6%，预测 20×9 年的利润变动率和利润额。

5. 某企业 20×4－20×8 年的产销量和资金需要量如表 6－4 所示，若预测 20×9 年的预计产销量为 75 000 件，用回归分析法预测 20×9 年的资金需要量。

表 6－4　　某企业产销量和资金需要量

年度	产销量（万件）	资金需要量（万元）
20×4	5.5	560
20×5	6	600
20×6	6.5	680
20×7	6.2	650
20×8	7.0	720

6. 某公司 20×8 年度实现销售额为 600 万元，假定该公司固定资产利用率已经饱和（固定资产在该前提下也是敏感项目）。该公司 20×8 年底的资产负债表如表 6－5 所示。

表 6－5　　资产负债表

20×8 年 12 月 31 日　　单位：万元

资产		负债及所有者权益	
货币资金	30	应付账款	72
应收账款	96	应交税费	48
存货	120	长期借款	176
固定资产（净值）	192	实收资本	136
无形资产	30	未分配利润	36
合计	468	合计	468

若该公司在计划期间（20×9 年）销售额增至 900 万元，销售净利率为 5%，要求：预测计划期（20×9 年）需要追加资金的数量。

七、案例分析

广东乐百氏集团是闻名全国的大型食品饮料企业，是法国达能集团旗下企业，中国饮料工业十强企业之一，从1989年创办到1992年改名今日集团，再到1997年收购乐百氏商标成立乐百氏集团。1997年，它的销售额增长速度达到了85.3%，乳酸奶连续几年全国市场占有率第一，纯净水居全国第二。在取得如此辉煌业绩的同时，何伯权、杨杰强等5位创业元老也在思考着乐百氏未来的利润增长点和发展方向。他们想到了茶饮料和碳酸饮料，尤其是碳酸饮料项目。何伯权甚至连产品的名字都已经想好了，叫“今日可乐”（乐百氏集团曾名今日集团）。何伯权后来说，他对“今日可乐”这个名字相当满意。但是，鉴于可口可乐与百事可乐在全球碳酸饮料的强大地位乐百氏的决策者们对是否上这个可乐项目有些犹豫不决。就在这时，何伯权他们与正想大力开拓本土客户的麦肯锡相遇。双方很快达成了合作协议，由麦肯锡来为乐百氏作战略咨询和发展规划。麦肯锡派出4名专家入驻乐百氏，前后历时4个月，最后拿出了一份简言，麦肯锡在经过“深入的调查研究”，在“借鉴国际国内先进经验”的基础上，建议乐百氏做“中国非碳酸饮料市场的领导者”，不要进入碳酸饮料领域。

于是，“今日可乐”胎死腹中。乐百氏转而进入了“非碳酸饮料”的茶饮料。与此相反，乐百氏的老竞争对手娃哈哈在1998年进入了碳酸饮料领域，推出了娃哈哈“非常可乐”。非常可乐避开了“两乐”非常强势的城市市场，转而致力于广大农村市场的开拓，并采用了与之相对应的低价策略，从而取得了巨大的成功。在碳酸饮料市场，非常可乐已经形成同“两乐”三分天下之势，也已经成为娃哈哈的支柱产品以及主要利润来源。而乐百氏的茶饮料却并没有如期一炮打响。何伯权后来曾对人说，没有上今日可乐成为他“最懊悔的一件事”。1998年也成为乐百氏发展上的转折点。这一年，乐百氏的增长速度从前一年的85.3%大幅下滑到33.3%，并且从此一蹶不振。

思考题：

1. 从以上案例中发现经营预测的影响因素有哪些？
2. 预测失败对企业会造成什么样的影响？

第 7 章

企业经营决策分析

□ 学习目标

通过本章的学习，理解企业经营决策的概念；理解影响企业经营决策的各种成本概念；掌握企业经营决策的分析方法；能够运用企业经营决策的分析方法进行生产产品品种决策、自制还是外购决策、产品组合决策分析；能够运用定价决策分析方法进行定价决策。

□ 学习指导

1. 学习重点：本章的重点是掌握生产产品品种决策、自制还是外购决策、产品组合决策、定价决策等分析方法。

2. 学习难点：本章的难点是区分各种成本相关的概念；掌握边际贡献分析法、差量分析法、成本无差别点法等方法的综合运用。

□ 练习题

一、名词解释

1. 经营决策

2. 边际贡献分析法

3. 差量分析法

4. 成本无差别点法

5. 生产产品品种决策

6. 自制还是外购决策

7. 产品组合决策

8. 定价决策

9. 相关收入

10. 相关成本

11. 边际贡献

12. 机会成本

13. 专属成本

14. 沉没成本

二、单项选择题

1. 在管理会计中，单一方案决策又称为（　　）。

A. 接受或拒绝方案决策　　B. 互斥方案决策

C. 排队方案决策　　D. 组合方案决策

2. 在经济决策中应由中选的最优方案负担的、按所放弃的次优方案潜在受益计算的那部分资源损失，就是所谓（　　）。

A. 增量成本　　B. 机会成本

C. 专属成本　　D. 沉没成本

3. 在新产品开发的品种决策中，如果方案涉及到追加专属成本，则下列方法中不宜采用的是（　　）。

A. 单位边际贡献分析法　　B. 边际贡献总额分析法

C. 差别损益分析法　　D. 相关损益分析法

4. 下列决策方法中，能够直接揭示中选的方案比放弃的方案多获得的利润或少发生损失的方法是（　　）。

A. 单位边际贡献分析法　　B. 边际贡献总额分析法

C. 差别损益分析法　　D. 相关损益分析法

5. 下列各项中，属于无关成本的是（　　）。

A. 沉没成本　　B. 增量成本

C. 机会成本　　D. 专属成本

6. 在零部件自制或外购的决策中，如果零部件的需用量尚不确定，应当采用的决策方法是（　　）。

A. 相关损益分析法　　B. 差别损益分析法

C. 相关成本分析法　　D. 成本无差别点法

7. 在有关产品是否进行深加工决策中，深加工前的半产品成本属于（　　）。

A. 估算成本　　B. 重置成本

C. 机会成本　　D. 沉没成本

8. 在进行半产品是否进一步深加工决策时，应对半成品在加工后增加的收入和（　　）进行分析研究。

A. 进一步加工前的变动成本　　B. 进一步加工追加的成本

C. 进一步加工前的全部成本　　D. 加工前后的全部成本

9. 某一生产电子器件的企业为满足客户追加订货的需要，增加了一些成本开支，其中（　　）是专属固定成本。

A. 为及时完成该批产品的生产，而要购入一台新设备

B. 为及时完成该批追加订货，需要支付职工加班费

C. 生产该批产品机器设备增加的耗电量

D. 该厂为生产该批产品以及以后的生产建造了一间新的厂房

10. 某厂需要零件甲，其外购单价为 10 元，若自行生产，单位变动成本为 6 元，且需要为此每年追加 10 000 元的固定成本，通过计算可知，当该零件的年需要量为（　　）件时，外购、自制两种方案效益相同。

A. 2 500　　B. 3 000

C. 2 000　　D. 1 800

11. 生产品种决策不包括（　　）。

A. 生产何种产品决策　　B. 亏损产品是否停产决策

C. 半成品是否继续加工决策　　D. 自制还是外购决策

12. 在固定成本不变的情况下，下列（　　）应该采取采购的策略。

A. 自制单位变动成本小于外购价格

B. 自制单位变动成本 = 外购价格

C. 自制单位变动成本大于外购成本

D. 自制单位产品成本大于外购成本

13. 在产销平衡的情况下，一个企业同时生产多种产品，其中一种单位边际贡献为正的产品最终变为亏损产品，其根本原因是（　　）。

A. 该产品存在严重积压

B. 该产品总成本太高

C. 该产品上分担的固定成本相对较高

D. 该产品的销量太小

14. 下列哪种成本为相关成本（　　）。

A. 沉没成本　　B. 专属成本

C. 不可避免成本　　D. 联合成本

15. 如果把不同产量作为不同方案来理解的话，边际成本实际上就是不同方案形成的（　　）。

A. 相关成本　　B. 沉没成本

C. 差量成本　　D. 付现成本

16. 在经营决策中，企业不接受特殊价格追加订货的原因是买方出价低于（　　）。

A. 正常价格　　B. 单位产品成本

C. 单位变动成本　　D. 单位固定成本

17. 边际贡献与毛利之间相差（　　）。

A. 变动成本　　B. 固定成本

C. 专属成本　　D. 联合成本

18. 对决策有影响的各种形式的未来成本，称为（　　）。

A. 相关成本　　B. 无关成本

C. 沉没成本　　D. 联合成本

19. 对现在或将来的任何决策都无影响的成本是（　　）。

A. 沉没成本　　B. 边际成本

C. 机会成本　　D. 差量成本

20. 企业在进行决策时，根据不同备选方案计算出来的成本差异，称为（　　）。

A. 差量成本　　B. 沉没成本

C. 机会成本　　D. 边际成本

21. 根据产品在市场上的供应量、需求量与销售价格之间的关系来确定销售价格的定价方法称为（　　）。

A. 目标收益定价法　　B. 竞争导向定价法

C. 成本导向定价法　　D. 市场导向定价法

22. 下面哪项，不属于撇脂性定价的前提条件（　　）。

A. 市场上有足够的购买者　　B. 购买者的需求缺乏弹性

C. 无竞争者　　D. 市场存在大量竞争者

23. 某种产品本应定价 90 元，厂商定价时实际定为 89.88 元，这种定价策略为（　　）。

A. 声望定价策略　　B. 尾数定价策略

C. 折扣定价策略　　D. 整数定价策略

24. 弹性定价法属于（　　）。

A. 目标收益定价法　　B. 竞争导向定价法

C. 成本导向定价法　　D. 市场导向定价法

25. 下列哪些产品缺乏弹性（　　）。

A. 生活必需品　　B. 高档消费品

C. 奢侈品　　D. 替代性强的产品

三、多项选择题

1. 下列各项中，属于生产经营决策中相关成本的是（　　）。

A. 付现成本　　B. 机会成本

C. 专属成本　　D. 沉没成本

E. 联合成本

2. 下列各项中，属于生产经营决策中无关成本的是（　　）。

A. 沉没成本　　B. 联合成本

C. 可延缓成本　　D. 不可避免成本

E. 专属成本

3. 下列各项中，备选方案中不涉及相关收入的是（　　）。

A. 差别损益分析法　　B. 相关损益分析法

C. 边际贡献分析法　　D. 成本无差别点法

E. 差别成本分析法

4. 下列各项中，属于联产品深加工决策方案可能需要考虑的相关成本的有（　　）。

A. 全部加工成本　B. 可分成本
C. 机会成本　D. 联合成本
E. 沉没成本

5. 下列各项中，属于生产经营决策的有（　　）。
A. 亏损产品是否停产的决策　B. 产品是否深加工的决策
C. 自制还是外购的决策　D. 产品定价的决策
E. 产品组合的决策

6. 差量分析法常用于（　　）的决策。
A. 生产何种产品　B. 联产品是否深加工
C. 副产品是否深加工　D. 亏损产品是否停产
E. 半成品直接出售还是加工为成品后再出售

7. 联合成本包括（　　）。
A. 专门生产某种产品的专用设备的折旧费
B. 专门生产某种产品的专用设备的保险费
C. 几种产品共同使用的设备折旧费
D. 几种产品共同使用的照明电费
E. 专门生产某种产品的专用设备的维修费

8. 下列说法中正确的是（　　　）。
A. 必需品的价格弹性小于奢侈品　B. 必需品的价格弹性大于奢侈品
C. 低档产品价格弹性小于高档产品　D. 低档产品价格弹性大于高档产品
E. 无替代品的产品价格弹性小于有替代品的产品

9. 影响定价决策的外部因素包括（　　）。
A 政策法规因素　B. 市场需求因素
C. 产品竞争因素　D. 成本因素
E. 产品生命周期因素

10. 企业依据市场竞争和内外部环境的不同，采用的定价方法包括（　　）。
A. 目标收益定价法　B. 竞争导向定价法
C. 成本导向定价法　D. 市场导向定价法
E. 撇取定价法

11. 成本导向定价法包括（　　）。
A. 完全成本定价法　B. 边际成本法
C. 变动成本定价法　D. 弹性定价法
E. 盈亏平衡定价法

12. 渗透性定价策略适用于下列哪些产品（　　）。
A. 与同类产品差别不大　B. 与同类产品差别很大

C. 需求弹性大　　　　D. 需求弹性小

E. 不易于仿制

四、判断题

1. 相关成本与无关成本的区分并不是绝对的。（　）
2. 专门生产某种产品的专用设备折旧费、保险费属于该产品的专属成本。（　）
3. 差量分析法一般仅适用于两个方案之间的比较。（　）
4. 边际贡献分析法和差量分析法都适用于收益型方案的选择。（　）
5. 沉没成本是现在发生的，无法由现在或将来的任何决策所改变的成本。（　）
6. 联合成本是由多个产品或部门共同负担的成本，因此属于相关成本，决策时应考虑。（　）
7. 当业务量大于成本无差别点的业务量时，固定成本大的为优。（　）
8. 边际贡献分析法适用于多个方案的择优决策。（　）
9. 相关业务量通常是通过对相关收入和相关成本的影响而实现对决策方案影响的。（　）
10. 在经营决策中，所有的固定成本或折旧费都属于沉没成本。（　）
11. 在生产经营决策中，确定决策方案必须通盘考虑相关业务量、相关收入和相关成本等因素。（　）
12. 在“直接出售半成品”方案中，相关成本包括半成品已经发生的成本以及有可能产生的专属成本。（　）
13. 对于亏损产品来说，不存在是否应当增产的问题。（　）
14. 边际成本是指每增加一个单位产品销售所增加的总成本。（　）
15. 边际成本即单位变动成本。（　）
16. 价格弹性是价格变动率与需求量变动率之比。（　）
17. 盈亏平衡定价法适用于大型的公用事业单位。（　）
18. 撇脂性定价适用于产品生命周期的最初阶段。（　）

五、简答题

1. 定量分析方法有哪些？

2. 生产经营决策中常用的方法有哪些?

3. 什么是相关收入、相关成本?

4. 半成品是否深加工如何决策?

5. 亏损产品是否停产取决于哪些因素?

6. 边际贡献分析法在企业经营决策中一般应用于哪些方面?

7. 产品的零部件外购还是自制如何决策？

8. 企业生产多种产品如何进行生产组合？

9. 产品定价的影响因素？

10. 产品定价决策的一般方法有哪些？

11. 新产品如何定价？

六、计算题

1. 某企业有一定闲置设备，拟用于开发一种新产品，现有 A、B 两种产品可供选择。A 产品的单价为 100 元，单位变动成本为 60 元，单位产品工时消耗定额为 2 小时；B 产品的单价为 120 元，单位变动成本为 40 元，单位产品工时消耗定额为 8 小时。

要求：试作出开发哪个品种的决策，并说明理由。

2. 某企业现有设备生产能力是 20 000 个机器工时，其利用率为 70%，现准备利用剩余生产能力开发新产品甲产品、乙产品或者丙产品，三种产品的资料如表 7－1 所示。

表 7－1

项目	甲产品	乙产品	丙产品
单位产品定额工时（小时）	3	2	3
单位销售价格（元）	15	25	20
单位变动成本（元）	4	15	10

另外，在生产丙产品时，需增加专属设备成本 3 000 元，假设三种产品市场销售不受限制。

要求：利用边际贡献分析法进行决策。

3. 某工厂有一种通用设备，可以生产甲产品，也可以生产乙产品，两种产品预期销售数量、销售单价和单位变动成本如表 7 - 2 所示。

表 7 - 2

项目	方案Ⅰ（甲产品）	方案Ⅱ（乙产品）
预期销售数量（件）	1 000	500
预期销售单价（元）	25	30
预期单位变动成本（元）	10	20

要求：利用差量分析法进行决策。

4. 某企业生产甲产品，可用两种生产方案进行加工，有关资料如表 7 - 3 所示。

表 7 - 3

成本项目	方案一	方案二
变动成本（元）	2	3
专属成本（元）	9 000	1 800

要求：利用成本无差别点分析法进行加工方案决策。

5. 某企业生产 A、B、C 三种产品，有关资料见表 7－4 所示。

表 7－4　　　　单位：元

项目	产品 A	产品 B	产品 C	合计
销售量（件）	1 000	1 200	1 800	
单位售价	900	700	500	
单位变动成本	700	580	450	
单位边际贡献	200	120	50	
边际贡献总额	200 000	144 000	90 000	434 000
固定成本	125 000	125 000	150 000	400 000
利润	75 000	19 000	－60 000	34 000

要求：

（1）分析产品 C 是否应停产（假定全部固定成本均不可避免）。

（2）如果停产 C 产品，多余的生产能力可用于扩大 A 产品的生产，预计能够增加 A 产品销售量 800 件（假设该 800 件可按原有价格全部出售），同时将购买一台 2 万元的设备，假定 A 产品的边际贡献保持不变，问该方案是否可行。

6. 某企业每年生产 1 000 件甲半成品，单位完全生产成本为 18 元（其中单位固定性制造费用为 2 元），直接出售的价格为 20 元。企业目前已具备将 80% 的甲半成品深加工为乙产成品的能力，但每深加工一件甲半成品需要追加 5 元变动性加工成本。乙产成品的单价为 30 元。

要求：请考虑以下不相关的情况，用差别损益法为企业做出是否深加工甲半成品的决策，并说明理由。

（1）深加工能力无法转移；

（2）深加工能力可用于承揽零星加工业务，预计可获得边际贡献 5 000 元；

（3）同（1），如果追加投入 4 000 元专属成本，可使深加工能力达到 100%。

7. 某化工企业在生产过程中同时生产 A、B、C、D 四种新产品，其中 B 可以在分离后立即出售，也可继续加工成 E 产品后出售。相关资料如下：B 产品产量 8 吨，分离后每吨销售单价为 6 000 元，加工后每吨销售单价为 10 000 元，联合成本为 2 000 元，可分成本为单位变动成本每吨 5 000 元，固定成本 20 000 元，B 产品加工成 E 产品的投入产出比例为 1∶1。

要求：对 B 产品是否进一步加工作出决策。

8. 某厂生产 A 产品，生产 A 产品所需要的甲零件下年需要量为 18 000 个，如外购，则外购单价为 60 元；如利用车间生产能力进行生产，每个零件的直接材料费 30 元，直接人工费 20 元，变动制造费用 8 元，固定制造费用 6 元，合计为 64 元。

要求：就以下各不相关情况作出甲零件是自制还是外购的决策

（1）企业现具备生产 18 000 个甲零件的能力，且剩余生产能力无其他用途；

（2）企业现具备生产 18 000 个甲零件的能力，但剩余生产能力也可用于对外加工乙零件，预计加工乙零件可产生边际贡献 100 000 元；

（3）企业目前只具备生产 15 000 个甲零件的能力，且无其他用途，若多生产甲零件，需要租入一台设置，年租金为 25 000 元，这样可使得生产能力达到 18 000 个；

（4）条件同（3），但企业也可以采纳用剩余生产能力自制 15 000 个甲零件，其余全部外购的方式。

9. 某公司生产甲产品，甲产品产量为500件时的有关成本费用资料如下：直接材料20 000元，直接人工11 000元，变动性制造费用12 000元，固定性制造费用10 000元。已知该公司计划实现30 000元的目标利润。

要求：

（1）分别计算完全成本定价法下的单位产品生产成本和成本利润率指标；

（2）分别计算变动成本定价法下的单位产品成本和成本利润率指标；

（3）分别按照完全成本定价法和变动成本定价法确定目标售价。

七、案例分析

北京小米科技有限责任公司成立2010年4月，是一家专注于智能硬件和电子产品研发的移动互联网公司。小米公司首创了用互联网模式开发手机操作系统、发烧友参与开发改进的模式。小米有3大核心产品：手机（PAD）、电视（盒子）、路由器。这3款产品有两大共性：首先它们具备平台性，手机已被认为是个人生活的移动智能终端，电视、盒子是家庭娱乐中心，路由器则是家庭智能中心。其次搭载软件系统，软件必须快速迭代、小步快跑，小米的互联网基因决定软件系统每周更新，小米路由器发布后MINIWIFI系统已更新了26次。

唐沐，2013年加入小米科技，任小米路由器事业部总经理，负责小米科技三大硬件平台之一——小米路由器的产品研发，以及小米生态链产品：小蚁智能摄像机、小米随身wifi、米键、小米智能插座等产品研发工作。唐沐自陈具有十年经验，而在移动互联网上，打法真的变了，他认为“这是一个教训，产品不断叠加功能，最后变成巨无霸，但面对新的移动互联网环境，靠叠加功能的产品不可能成功”。

传统路由器虽然提供了上网功能，但是设置起来需要七、八步，一些复杂的路由器甚至需要十步，这种反人类的体验存在10年之久。路由器是一个家用产品，但传统的路由器界面非常复杂，还有SSID、DNS、MAC地址绑定等诸多专业术语，这往往会让用户觉得头疼。用户对路由器最大的需求是上网快，其次是各种设备上网不互相干扰，接下来是安全性能，不必担心黑客骚扰和数据泄漏，最重要的一点是“别烦我”。

唐沐说：“我在做路由器这个硬件产品感受最多的是“极致”。比如，当初我们选硬件配置确实考虑用某价位内性价比最高的芯片，后来我们定义产品，脑海里全部是行业中最顶尖的芯片，于是我们找供应商一分一毛抠芯片价格，争取把芯片价格压到最低，如果达不到产品价格就不可能极致。从硬件选型到硬件研发再到做结构件和 ID 设计，我们追求性价比好像高空绳索上走钢丝，我们希望做出性价比最极致的产品，这是硬件。软件也有，比如引导过程，两步完成设置是极致的体现，软件也有很多细节需要抠到极致。所以我们做产品时脑海里一直装着“极致”这个词。”

（资料来源：新浪科技 http：//tech. sina. com. cn/i/2014 – 06 – 19/09449446126. shtml）

思考：

从上述小米公司开发生产路由器产品的案例中，可以发现生产经营决策在企业中的重要性，小米在激烈的市场竞争环境下是否应继续生产路由器相关产品？新功能、新型号路由器投产后是否应该停产旧型号？其产品的定价如何确定？

第 8 章

全面预算管理

□ 学习目标

通过本章的学习，了解全面预算的定义和作用；理解全面预算体系的构成；了解全面预算管理的组织体系；掌握增量预算法和零基预算法、固定预算法和弹性预算法、定期预算法和滚动预算法的编制方法；理解全面预算的编制方式和程序；理解全面预算的执行与控制的概念、程序和内容；理解全面预算调整的概念、原因和流程；理解全面预算的分析与考评的概念、内容和流程。

□ 学习指导

1. 学习重点：本章的重点是理解全面预算体系的构成；掌握增量预算法和零基预算法、固定预算法和弹性预算法、定期预算法和滚动预算法的编制方法。

2. 学习难点：本章的难点是掌握增量预算法和零基预算法、固定预算法和弹性预算法、定期预算法和滚动预算法之间的区别。

□ 练习题

一、名词解释

1. 预算

2. 全面预算

3. 增量预算法

4. 零基预算法

5. 固定预算法

6. 弹性预算法

7. 定期预算法

8. 滚动预算法

9. 预算调整

10. 预算分析

11. 预算考评

二、单项选择题

1. 根据全面预算体系的分类，下列预算中属于财务预算的是（　　）。

A. 销售预算　　B. 生产预算

C. 产品成本预算　　D. 现金预算

2. 全面预算体系中的最后环节是（　　）。

A. 业务预算　　B. 财务预算

C. 产品成本预算　　D. 专门决策预算

3. 下列各项中，对企业预算管理工作负总责的组织是（　　）。

A. 预算管理办公室　　B. 董事会

C. 预算管理委员会　　D. 股东会

4. 下列预算编制方法中，可能导致无效费用开支项目无法得到有效控制的是（　　）。

A. 增量预算法　　B. 弹性预算法

C. 滚动预算法　　D. 零基预算法

5. 下列各项中，不属于采用增量预算需要满足的基本假设的是（　　）。

A. 现有各项业务活动是合理的

B. 现有各项业务的开支水平是合理的

C. 现有各项业务活动是合理的，但费用标准必须进行调整

D. 预算期的成本费用变动是在现有业务活动和各项活动的开支水平的基础上调整的

结果

6. 以基期成本费用水平为基础，结合预算期业务量水平及有关影响成本因素的变动情况，通过调整原有费用项目编制预算的是（　　）。

A. 增量预算法　　B. 弹性预算法

C. 滚动预算法　　D. 零基预算法

7. 下列预算编制方法中，不受现有费用项目和现行预算束缚的是（　　）。

A. 增量预算法　　B. 弹性预算法

C. 滚动预算法　　D. 零基预算法

8. 下列各项中，不属于零基预算法优点的是（　　）。

A. 编制工作量小　　B. 不受现有预算的约束

C. 不受现有费用项目的限制　　D. 能调动节约费用的积极性

9. 下列各项费用项目中，最适宜采用零基预算法的是（　　）。

A. 人工费　　B. 培训费

C. 材料费　　D. 折旧费

10. 下列各项中，应作为编制零基预算起点的是（　　）。

A. 历史上费用的最低水平　　B. 费用为零

C. 基期的费用水平　　D. 同行业费用的最低水平

11. 运用零基预算法编制预算，需要逐项进行成本效益分析的费用项目是（　　）。

A. 可避免费用　　B. 不可避免费用

C. 可延缓费用　　D. 不可延缓费用

12. 在成本习性分析的基础上，按照预算期内可能的一系列业务量水平编制的，能适应多种情况的预算方法是（　　）。

A. 增量预算法　　B. 弹性预算法

C. 固定预算法　　D. 零基预算法

13. 下列预算编制方法中，能够克服固定预算法缺点的是（　　）。

A. 增量预算法　　B. 弹性预算法

C. 固定预算法　　D. 零基预算法

14. 下列各项中，属于编制弹性成本预算关键的是（　　）。

A. 选择业务量的计量单位　　B. 确定适用的业务量范围

C. 进行成本形态分析　　D. 计算预算成本

15. 编制工作量较大，但可以不必经过计算即可找到与业务量相近的预算成本的弹性预算编制方法是（　　）。

A. 图示法　　B. 公式法

C. 对比法　　D. 列表法

16. 星野公司一台吊车的运行成本包含了固定成本和变动成本，吊车运行 120 小时的运行成本为 280 000 元，运行 160 小时的运行成本为 320 000 元，吊车实际运行时间为 135 小时，运行成本为（　　）元。

A. 293 000　　B. 294 000

C. 295 000　　D. 296 000

17. 弹性成本预算的编制包括以下几个步骤：①确定适用的业务量范围；②选择业务量的计量单位；③计算各项预算成本；④逐项研究并确定各项成本和业务量之间的数量关系。这四个步骤的正确顺序是（　　）。

A. ①②③④　　B. ①②④③

C. ②①③④　　D. ②①④③

18. 某企业制造费用中，机油费用和机器工时密切相关，预计预算期固定机油费用为 112 600 元，单位工时的变动机油费用为 21.8 元，预算期机器总工时为 21 160 小时，预算期机油费用预算总额为（　　）元。

A. 133 760　　B. 473 666

C. 573 888　　D. 682 724

19. 下列预算编制方法中，可能会使预算期间与会计期间相分离的预算方法是（　　）。

A. 增量预算法　　B. 弹性预算法

C. 滚动预算法　　D. 零基预算法

20. 随着预算执行不断补充预算，但始终保持一个固定预算期长度的预算方法是（　　）。

A. 增量预算法　　B. 弹性预算法

C. 滚动预算法　　D. 零基预算法

21. 下列各项中，不属于传统预算方法的是（　　）。

A. 固定预算法　　B. 增量预算法

C. 定期预算法　　D. 滚动预算法

三、多项选择题

1. 下列各项中，全面预算的作用包括（　　）。

A. 明确企业的目标　　B. 实现部门间的协调

C. 考核工作业绩　　D. 控制日常经济活动

E. 开展日常活动

2. 下列关于财务预算的表述中，正确的有（　　）。

A. 财务预算就是现金预算

B. 财务预算是在业务预算与专门决策预算的基础上编制的

C. 财务预算是全面预算体系的最后环节

D. 财务预算主要包括现金预算和预计财务报表

E. 财务预算又被称为“总预算”

3. 下列各项中，属于预算管理委员会的主要职责的有（　　）。

A. 审议有关预算编制与管理的政策

B. 指导并组织各预算责任中心进行预算编制

C. 审查企业的整体预算方案

D. 制定预算管理的有关政策和预算考核方案

E. 根据预算执行结果，提出相应的考核和奖惩标准

4. 下列各项中，属于预算管理办公室的主要职责的有（　　）。

A. 协调解决企业全面预算编制和执行过程中各单位之间的分歧、矛盾等重大问题

B. 对各预算责任单位预算的执行情况进行事中和事后的监督检查

C. 审查所属各单位的预算草案，提出修正意见与建议

D. 协助预算管理委员会对预算冲突进行协调、仲裁

E. 制定预算管理的有关政策和预算考核方案

5. 下列关于预算编制方法的说法中，正确的有（　　）。

A. 零基预算法以过去的成本费用发生水平为基础，

B. 和固定预算法相比，弹性预算法的可比性更强

C. 弹性预算法会使预算期与会计期间相脱节

D. 和增量预算法相比，零基预算法的工作量更大

E. 滚动预算法可以保持预算的完整性和持续性

6. 增量预算法的主要缺点包括（　　）。

A. 使预算期与会计期间相脱节

B. 可能不加以分析的保留原有成本费用项目

C. 使不必要的开支合理化

D. 增加预算编制的工作量

E. 对整个预算年度的生产经营活动很难作出准确的预算，缺乏远期指导性

7. 与增量预算法相比，零基预算法的不同之处包括（　　）。

A. 一切从可能出发　　B. 以零为基础

C. 一切从实际需要出发　　D. 以现有的费用水平为基础

E. 不受现有费用项目的限制

8. 用列表法编制的弹性预算，主要特点包括（　　）。

A. 不管实际业务量多少，不必经过计算即可找到与业务量相近的预算成本

B. 使预算期与会计期间相脱节

C. 便于在一定范围内计算任何业务量的预算成本，可比性和适应性强，编制预算的工作量相对较小

D. 在评价和考核实际成本时，往往需要使用插值法来计算“实际业务量的预算成本”

E. 混合成本中的阶梯成本和曲线成本，可按总成本性态模型计算填列，不必用数学方法修正为近似的直线成本

9. 运用公式“$y = a + bx$”编制弹性预算时，字母“x”所代表的可能有（　　）。

A. 直接修理工时　　B. 人工工时

C. 预算成本总额　　D. 销售量

E. 预算的固定成本

10. 根据预算是否连续编制，可将预算编制分为（　　）。

A. 固定预算　　B. 滚动预算

C. 定期预算　　D. 弹性预算

E. 零基预算

11. 下列各项中，属于滚动预算法优点的有（　　）。

A. 提高预算的准确性

B. 使企业各级管理人员对未来始终保持整整 12 个月时间的考虑和规划

C. 有利于银行信贷部门、税务机关和投资者对企业经营状况的了解

D. 使预算期间与会计期间相对应

E. 保持预算的完整性和连续性

12. 滚动预算按滚动的时间单位不同，可以分为（　　）。

A. 逐月滚动　　B. 随机滚动

C. 逐季滚动　　D. 逐年滚动

E. 混合滚动

13. 下列预算编制方法中，不属于传统预算编制方法的有（　　）。

A. 固定预算法　　B. 滚动预算法

C. 定期预算法　　D. 弹性预算法

E. 零基预算法

14. 预算分析方法包括（　　）。

A. 比率分析法　　B. 因素分析法

C. 本量利分析法　　D. 趋势分析法

E. 比较分析法

四、判断题

1. 财务预算能够从价值方面总括的反映各项业务预算和专门决策预算，因此称为总预算。（　　）

2. 一般将由业务预算和财务预算组成的预算体系称为总预算。（　　）

3. 预算管理委员会是预算管理的运营组织，常常设在财务部门内，由专人分管，负

责组织全面预算的编制、报告、执行和日常监控工作。（ ）

4. 预算管理办公室是董事会下属的一个专门委员会，全面负责预算管理的组织协调工作。（ ）

5. 零基预算法是为克服固定预算法的缺点而设计的一种较为先进的预算编制方法。（ ）

6. 在实务中，企业并不需要每年都按零基预算法来编制预算，可以每三年至五年编制一次零基预算。（ ）

7. 企业在编制零基预算时，需要以现有的费用项目为依据，但不以现有的费用水平为基础。（ ）

8. 采用弹性预算法编制成本费用预算时，选择业务量的计量单位非常重要，例如，以手工操作为主的车间，可以选用机器工时。（ ）

9. 弹性预算编制方法中列表法比公式法编制预算的工作量大。（ ）

10. 固定预算法只适用于业务量水平较为稳定的企业或非营利组织编制预算时采用。（ ）

11. 弹性预算法只适用于编制利润预算。（ ）

12. 增量预算法是按预期可预见的不同业务量水平编制的，因而可以在增量预算中找到与实际业务量相同的业务量水平及其预算金额，便于对预算执行情况进行控制与考核。（ ）

13. 用列表法编制弹性预算时，业务量的间距越小，实际业务量水平出现在预算表中的可能性就越小，而且工作量越大。（ ）

14. 滚动预算法中，逐季滚动编制的预算比逐月滚动编制的预算的工作量小，但预算精确度较差。（ ）

15. 定期预算法的最大特点是预算期与会计年度相一致。（ ）

16. 根据业务量是否可以调整，可将预算编制方法分为定期预算法和弹性预算法两类。（ ）

17. 为了克服定期预算法的缺点，保持预算的及时性、连续性、完整性，可以采用滚动预算法。（ ）

18. 为了编制滚动预算，应将纳入预算的各项费用进一步划分为不可延缓费用项目和可延缓费用项目。（ ）

19. 预算的编制有“自上而下”、“自下而上”两种基本方式，不断的反复和修正，最后由有关机构综合平衡，以书面形式传达，作为正式的预算落实到各有关部门付诸实施。（ ）

20. 预算编制与预算执行互为条件，相辅相成。预算执行是预算编制的基础，预算执行以完备和严谨的预算为前提。（ ）

21. 预算分析方法包括定性分析法和定量分析法，其中定性分析法应用的更加广泛。（ ）

五、简答题

1. 简述全面预算的作用。

2. 简述全面预算体系的构成。

3. 对比增量预算法和零基预算法的优缺点。

4. 对比公式法和列表法的优缺点。

5. 对比定期预算法和滚动预算法的优缺点。

6. 简述全面预算的编制方式。

7. 简述全面预算的编制程序。

六、计算题

1. 九龙公司经过分析得出甲产品的制造费用与直接人工工时密切相关，20×8 年的制造费用预算数据如表 8－1 所示。

表 8－1　　九龙公司 20×8 年制造费用弹性预算表（公式法）　　单位：元

业务量范围	项目	固定成本 a	单位变动成本 b
800～1 200（直接人工工时）	车间管理人员工资	172 000	
	固定资产折旧费	73 000	
	租赁费	32 000	
	间接材料	12 000	12.8
	水电费	9 500	12
	维修费	28 000	21.8
	运输费		7.4

假定当业务量为 1 200～1 600 直接人工工时时，维修费中的固定部分将由 28 000 元上升为 35 000 元，其余项目相同。

要求：

（1）当业务量为 1 110 工时时，九龙公司甲产品的制造费用预算为多少元？

（2）当业务量为 1 310 工时时，九龙公司甲产品的制造费用预算为多少元？

2. 宇星公司生产数码产品，年正常生产能力为 1.25 万台，每台产品所需工时为 3.6 工时。20×8 年制造费用的数据如下：

车间管理人员工资：基本工资为 400 000 元，另外每工时补助津贴为 1.1 元；

物料费：每工时负担 0.7 元；

固定资产折旧费：158 000 元；

固定资产租赁费：75 000 元；

机器维护费：每工时负担 0.48 元；

水电费：每工时负担 0.2 元。

要求：根据上述资料，采用列表法按正常生产能力的 90%、100%、110%、120% 分别编制宇星公司 20×8 年的制造费用弹性预算表。

3. 亚威公司第九车间采用分季度滚动预算方法编制制造费用预算。已知 20×8 年分季度的制造费用预算如表 8－2 所示。

表 8－2　　亚威公司九车间 20×8 年制造费用预算表　　单位：元

项目		第一季度	第二季度	第三季度	第四季度	合计
直接人工总工时（小时）		12 700	15 875	16 510	18 415	63 500
变动性制造费用	间接人工费用	63 500	79 375	82 550	92 075	317 500
	水电与维修费用	31 750	39 687.5	41 275	46 037.5	158 750
	小计	95 250	119 062.5	123 825	138 112.5	476 250
固定性制造费用	设备租金	41 200	41 200	41 200	41 200	164 800
	管理人员工资	21 600	21 600	21 600	21 600	86 400
	小计	62 800	62 800	62 800	62 800	251 200
制造费用合计		158 050	181 862.5	186 625	200 912.5	727 450

20×8 年 3 月 31 日公司在编制 20×8 年第二季度～20×9 年第一季度制造费用滚动预算时，预计直接人工总工时将提高到 69 850 小时。其中 20×8 年第二季度～20×9 年第一

季度中的四个季度的直接人工工时分别为：15 367 小时、16 764 小时、18 161 小时、19 558 小时。间接人工费用预算工时分配率将提高20%；原设备租赁合同将于20×8年第四季度末到期，公司新签订的租赁合同中设备租金将降低20%；水电与维修费用预算工时分配率等其他条件不变。

要求：

（1）以直接人工总工时为分配标准，计算20×8年第二季度～20×9年第一季度的以下指标：

①间接人工费用预算工时分配率；

②水电与维修费用预算工时分配率；

③新租赁合同中设备季度租金。

（2）编制20×8年第二季度～20×9年第一季度制造费用预算表。

七、案例分析

案例分析一

方正集团由北京大学于1986年投资创办，目前以信息技术、健康医疗、金融服务三大产业为核心支柱，并在地产、教育等产业形成特色优势，逐步形成多产业协同发展的格局。截至2018年底，方正集团海内外员工合计约3.8万名，总资产3 606亿元，净资产655亿元。2018年，方正集团年收入1 333亿元，年净利润14.9亿元。

对于方正集团而言，其五大业务板块均已成立独立的产业集团，各产业集团均存在众多下属公司，包括上市公司、财务公司以及运营项目公司，实质上构成了一个典型的由资本纽带联接、多元化经营、多层次管理的企业集团。方正集团很早就建立了全面预算管理制度，但是存在着以下问题：

第一，预算编制信息化程度严重落后，预算靠工作人员的经验编制审批，整个过程受人为因素影响过大，缺乏全面有效的沟通；

第二，方正集团使用的预算管理系统仅仅实现了报表功能，预算申报的数据来源无法有效整合，导致预算执行信息严重滞后，严重影响了管理层对重大事项的决策；

第三，集团忽视了对预算编制执行效果以及执行过程的监控，使得全面预算管理没有落到实处，实施效果与预期效果相背离；

第四，缺少预算差异深度分析，对预算差异的分析比较笼统，几乎做不到责任到人到事；

第五，与流程匹配程度较低。

近年来，方正集团依托信息化，正在探索建立一整套可行的适合方正的全面预算管理信息系统。整体目标是，实现方正集团三级管控主体对预算管控的要求，从现有的各项职能出发，充分发挥全面预算管理的作用，实现企业集团价值最大化的目标。

思考题：

1. 企业建立了全面预算管理体系之后，是否一成不变的？

2. 根据方正集团全面预算管理存在的问题，对其全面预算管理信息系统的改进提出一些建议。

第 9 章

全面预算的编制实务

□ 学习目标

通过本章的学习，理解以销售为起点的预算编制流程；掌握业务预算中销售预算、生产预算、直接材料预算、直接人工预算、制造费用预算、产品成本预算、销售和管理费用预算的编制方法；掌握专门决策预算的编制方法；重点掌握现金预算、预计利润表、预计资产负债表的编制方法；了解以利润为起点的预算编制流程。

□ 学习指导

1. 学习重点：本章的重点是掌握以销售为起点的预算编制流程中各预算的编制方法。
2. 学习难点：本章的难点是掌握各业务预算与现金预算、预计利润表、预计资产负债表编制中的勾稽关系。

□ 练习题

一、名词解释

1. 业务预算

2. 销售预算

3. 生产预算

4. 直接材料预算

5. 直接人工预算

6. 制造费用预算

7. 产品成本预算

8. 销售和管理费用预算

9. 专门决策预算

10. 财务预算

11. 现金预算

12. 预计利润表

13. 预计资产负债表

14. 以利润为起点的预算编制模式

二、单项选择题

1. 全面预算应该以（　　）为起点编制。

A. 销售预算　　B. 生产预算

C. 现金预算　　D. 产品成本预算

2. 下列各项中，与企业日常经营活动直接相关的预算指的是（　　）。

A. 销售预算　　B. 业务预算

C. 专门决策预算　　D. 财务预算

3. 某公司20×8年1－4月份预计销售收入分别为100万元、200万元、300万元和400万元，当月销售当月收到现金60%，下月收到现金30%，再下月收到现金10%，则20×8年3月31日预计资产负债表“应收账款”项目金额和20×8年3月的预计销售现金流入分别为（　　）。

A. 140万元与250万元　　B. 160万元与250万元

C. 160万元与240万元　　D. 140万元与240万元

4. 某企业每季度销售收入中，本季度收到现金70%，下季度收到现金30%。若预算年度的第四季度销售收入为160 000元，则预计资产负债表中年末“应收账款”项目金额为（　　）元。

A. 36 000　　B. 52 000

C. 48 000　　D. 112 000

5. 甲公司预计20×8年各季度的销售量分别为100件、120件、180件、200件。预计每季度末产成品存货为下一季度销售量的20%，甲公司第二季度预计生产量为（　　）件。

A. 156　　B. 132

C. 136　　D. 120

6. 某企业预计20×8年第一季度期初存货为160件，预计第一季度销售量为1 200件，第二季度为1 700件。该企业存货数量通常按下期销售量的20%比例安排期末存货，该企业第一季度的预计生产量为（　　）件。

A. 1 380　　B. 1 020

C. 2 740　　D. 1 530

7. 下列各项中，只涉及实物计量单位而不涉及价值计量单位的预算是（　　）。

A. 销售预算　　B. 生产预算

C. 现金预算　　D. 预计资产负债表

8. 下列关于生产预算的表述中，不正确的是（　　）。

A. 生产预算是一项业务预算　　B. 生产预算不涉及价值指标

C. 生产预算为现金预算提供资料　　D. 生产预算以销售预算为基础编制

9. 直接材料预算的主要编制基础是（　　）。

A. 生产预算　　B. 销售预算

C. 产品成本预算　　D. 现金预算

10. 某公司预计20×8年度期初应付账款余额为125万元，1－3月份采购金额分别为250万元、300万元和400万元，每月的采购款当月支付现金80%，次月支付现金20%，则预计第一季度现金支出额是（　　）万元。

A. 870　　B. 950

C. 995　　D. 1 075

11. 某企业20×8年第一季度预计生产量为120件，单位产品材料用量8千克/件，期初材料库存量105千克，第一季度根据第二季度生产耗用材料的15%安排季末存量，预计第二季度生产耗用820千克材料。材料采购价格预计为280元/千克。则该企业第一季度材料采购的金额是（　　）元。

A. 263 760　　B. 273 840

C. 289 230　　D. 309 120

12. 某企业预计20×8年第四季度期初原材料为1 080千克，第四季度生产需用量为8 720千克，预计期末存量为950千克，材料单价为每千克29.5元，若材料采购货款有70%在本季度内付清，另外30%在下季度付清，则该企业预计资产负债表年末“应付账款”项目是（　　）元。

A. 76 021.5　　B. 76 201.5

C. 78 322.5　　D. 78 233.5

13. 下列预算中，不直接涉及现金收支的是（　　）。

A. 销售预算　　B. 直接材料预算

C. 专门决策预算　　D. 产品成本预算

14. 直接材料预算的主要编制基础是（　　）。

A. 销售预算　　B. 生产预算

C. 产品成本预算　　D. 预计资产负债表

15. 在编制销售和管理费用预算时，计算现金支出时应予剔除的项目是（　　）。

A. 折旧费　　B. 水电费

C. 维修费　　D. 保险费用

16. 假定某期现金预算中出现了正的现金余缺，且超过理想的期末现金余额时，单纯从财务预算调剂现金余缺的角度看，该期不宜采用的措施是（　　）。

A. 偿还部分借款利息　　B. 偿还部分借款本金

C. 抛售短期有价证券　　D. 购入短期有价证券

17. 某企业预计20×8年第一季度期初现金余额为11 000元，预计当季获得经营性现金收入210 000元，经营性及资本性现金支出合计215 000元，企业的最佳期末现金余额为10 000元。单纯从财务预算调剂现金余缺的角度看，该期适宜采用的措施是（　　）。

A. 偿还部分短期借款利息　　B. 偿还部分短期借款本金

C. 抛售短期有价证券　　D. 购入短期有价证券

18. 可以综合反映企业在预算期的预计经营成果的预算是（　　）。

A. 现金预算　　B. 预计利润表

C. 产品成本预算　　D. 预计资产负债表

19. 下列不属于编制预计利润表依据的是（　　）。

A. 现金预算　　B. 专门决策预算

C. 业务预算　　D. 预计资产负债表

20. 下列各项中，不会对预计资产负债表中存货金额产生影响的是（　　）。

A. 专门决策预算　　B. 直接材料预算

C. 生产预算　　D. 产品成本预算

三、多项选择题

1. 全面预算体系包括（　　）。

A. 业务预算　　B. 财务预算

C. 专门决策预算　　D. 滚动预算

E. 弹性预算

2. 下列各项中，属于业务预算的有（　　）。

A. 资本支出预算　　B. 直接材料预算

C. 管理费用预算　　D. 直接人工预算

E. 现金预算

3. 编制销售预算时，需要考虑的因素有（　　）。

A. 销售单价　　B. 销售数量

C. 年初应收账款　　D. 生产数量

E. 销售收入

4. 编制生产预算时，需要考虑的因素有（　　）。

A. 期末产成品存货　　B. 销售数量

C. 期初产成品存货　　D. 生产数量

E. 单位生产成本

5. 下列预算的编制与生产预算存在直接联系的有（　　）。

A. 销售与管理费用预算　　B. 直接人工预算

C. 直接材料预算　　D. 产品成本预算

E. 专门决策预算

6. 下列预算中，能为现金预算提供数据来源的有（　　）。

A. 销售预算　　B. 生产预算

C. 直接材料预算　　D. 制造费用预算

E. 销售和管理费用预算

7. 产品成本预算的编制基础有（　　）。

A. 销售预算　　B. 生产预算

C. 直接材料预算　　D. 制造费用预算

E. 直接人工预算

8. 下列预算中，在计算“现金支出合计”时，要减去非付现成本的有（　　）。

A. 销售和管理费用预算　　B. 生产预算

C. 直接材料预算　　D. 制造费用预算

E. 直接人工预算

9. 在编制现金预算时，计算某期现金余缺时必须考虑的因素有（　　）。

A. 期初现金余额　　B. 期末现金余额

C. 当期现金支出　　D. 当期现金收入

E. 借入的现金

10. 下列预算中，与编制预计利润表直接相关的有（　　）。

A. 现金预算　　B. 销售预算

C. 产品成本预算　　D. 销售和管理费用预算

E. 生产预算

11. 下列预算中，在编制预计资产负债表时，能够直接为“存货”项目年末余额提供数据来源的有（　　）。

A. 现金预算　　B. 直接材料预算

C. 产品成本预算　　D. 制造费用预算

E. 销售预算

四、判断题

1. 为了编制现金预算提供必要的资料，销售预算中通常还包括预计经营现金收入。（　　）

2. 销售预算是以生产预算为依据编制的。（　　）

3. 生产预算是编制全面预算的关键和起点，其他预算都以生产预算为基础编制。（　　）

4. 生产预算是使用实物量和价值量为计量单位而编制的预算。（　　）

5. 预计生产量 = 预计销售量 + 预计期初产成品存货数量 − 预计期末产成品存货数量。（　　）

6. 产品成本预算需要在生产预算、直接材料预算、直接人工预算、制造费用预算、销售和管理费用预算的基础上编制。（　　）

7. 在产品成本预算中，产品成本总预算金额是将直接材料、直接人工、制造费用以及销售与管理费用的预算全额汇总相加而得到的。（　　）

8. 直接材料预算的编制以生产预算为基础，因为材料的耗用取决于生产量大小，与库存材料的数量无关。（　　）

9. 预计采购量＝生产需用量＋预计期初材料存货数量－预计期末材料存货数量。（　）

10. 专门决策预算的内容既包括资金投资支出计划，也包括相应的筹资计划，它同时也是编制现金预算和预计资产负债表的依据。（　）

11. 利润表中的“所得税费用”是根据“利润总额”和所得税税率相乘计算出来的。（　）

12. 在编制预计资产负债表时，对表中的年初项目和年末项目都需要根据各种业务预算和专门决策预算的预计数据分析填列。（　）

13. 编制财务预算时，应先编制预计资产负债表，再编制预计利润表。（　）

14. 以利润为起点的预算编制模式的优点之一是优化资源配置，提高企业的综合盈利能力。（　）

五、简答题

1. 简述以销售为起点的预算编制模式的流程。

2. 简述以利润为起点的预算编制模式的优点和局限性。

3. 简述以利润为起点的预算编制模式的一般流程。

六、计算题

1. 玉龙公司销售甲产品，一般情况下当季度收回货款的60%，下季度收回货款的30%，下下季度收回货款的10%，20×8年预算期初应收账款金额为280万元，其中包括20×7年第三季度销售形成的应收账款40万元。20×8年第一季度预计销售额为500万元。

玉龙公司采购乙材料，一般情况下当季度支付货款的60%，下季度支付货款的30%，下下季度支付货款的10%。20×7年第四季度采购材料200万元，年末的应付账款余额为128万元。预计玉龙公司20×8年四个季度采购材料的金额分别为：220万元、260万元、300万元、290万元。

要求：根据以上资料，计算玉龙公司下列各项目的金额。

（1）20×7年第三季度的销售额；

（2）20×7年第四季度的销售额；

（3）20×8年第一季度收回的与销售产品有关的现金；

（4）20×7年第三季度的材料采购金额；

（5）20×8年第一季度要支付的与采购材料有关的现金；

（6）20×8年第一季度末应付账款的金额；

（7）20×8年要支付的与采购材料有关的现金；

（8）20×9年初应付账款的金额。

2. 天逸公司生产应税消费品甲产品，20 × 8 年 1 – 3 月的销售额分别为 480 万元、520 万元和 560 万元，预计 4 月份销售额为 550 万元。每月销售收入中有 70% 能于当月收现，20% 于次月收现，10% 于第三个月收现，不存在坏账。甲产品的消费税税率为 5%，一般于当月以现金缴纳。该公司 3 月末现金余额为 25 万元，应付账款余额为 128 万元（需要在 4 月份付清），不存在其他应收应付款项。

4 月份其他资料如下：采购材料 370 万元（当月付款 70%）；工资及其他支出 70 万元（用现金支付）；制造费用 98 万元（其中折旧费等非付现费用为 12 万元）；销售费用和管理费用 37 万元（用现金支付）；购买设备 13 万元（用现金支付）。现金不足时，通过向银行借款解决。4 月末现金余额要求不低于 20 万元。

要求：根据上述资料，计算天逸公司 4 月份的下列预算指标：

（1）现金流入；

（2）现金流出；

（3）现金余缺；

（4）应向银行借款的最低金额。

3. 云集公司 20×7 年末的长期借款余额为 12 000 万元，短期借款余额为零。该公司的最佳现金持有量为 500 万元，如果资金不足，可向银行借款。银行要求借款的金额是 100 万元的倍数，而偿还本金的金额是 10 万元的倍数；新增借款发生在季度期初，偿还借款本金发生在季度期末，优先偿还短期借款；借款利息按季度平均计提，并在季度期末偿还。云集公司 20×8 年现金预算的部分信息如表 9－1 所示。

表 9－1　云集公司 20×8 年现金预算的部分信息　单位：万元

项目	第一季度	第二季度	第三季度	第四季度
现金余缺	－7 500	D	—	－450
长期借款	6 000	0	5 000	0
短期借款	2 600	0	0	F
偿还短期借款	0	1 450	1 150	0
偿还短期借款利息（年利率 8%）	52	C	E	G
偿还长期借款利息（年利率 12%）	A	540	—	690
期末现金余额	B	503	—	—

要求：根据以上资料，计算表 9－1 中英文字母代表的数值。

4. 兴海公司着手编制 20×8 年度的现金预算，相关资料如下：

（1）兴海公司只生产 A 产品，销售单价为 370 元，20×7 年第四季度的销售量为 55 000件。20×8 年四个季度的预计销售量分别为 65 000 件、70 000 件、75 000 件、90 000件。公司 85% 的销售款在当季度收讫；其余的 15% 在下个季度收讫。公司无坏账损失。

（2）A 产品无期初存货，公司预计每季末保持的产成品存货数量分别为 13 000 件、15 000 件、20 000 件、10 000 件。

（3）A 产品的单位材料用量为 3 千克，每千克单价 80 元。20×8 年初的材料存货为 65 000 千克。每一季度末公司计划保持的材料存货将满足下一季度 30% 的生产量的需求。该公司年末材料存货将与年初保持同样的水平。在各季度的材料采购货款中，50% 在当季度内付清，另外 50% 在下季度付清。20×8 年初的应付账款为 724. 8 万元。

（4）A 产品的单位人工工时消耗定额为 5 小时，小时工资率为 10 元。

（5）每个季度的固定性制造费用为 1 162 500 元。其中，550 000 元为折旧费，其他固定费用在发生当季度用现金支付。变动性制造费用预计为每人工小时 6 元。所有变动性制造费用在发生当季度用现金支付。

（6）固定销售和管理费用每季度为 250 000 元，其中，50 000 元为折旧费。变动销售费用预计为 10 元/件，在发生当季度用现金支付。

（7）公司计划在第一季度和第四季度分别购买价值为 2 000 000 元、2 000 000 元的设备，设备尚未达到预计可使用状态。

（8）20×7 年末货币资金为 250 000 元，公司管理层希望在每季度初至少保持 200 000 元的现金余额。如有不足，将借入短期借款。假定借款发生在季度初，还款发生在季度末，借款和还款都必须是 10 000 的整数倍，借款年利率为 6%。

（9）公司所得税预计为 155 万元，在第四季度支付。

要求：根据以上资料，编制兴海公司 20×8 年的销售预算、生产预算、直接材料预算、直接人工预算、制造费用预算、产品成本预算、销售和管理费用预算、现金预算。

5. 天行公司20×8年生产并销售甲产品，有关数据如表9－2至表9－11。其他资料如下：

（1）每季度销售收入中有50%于当季收到现金，其余50%下季度收回；

（2）每季度材料采购款中有50%于当季支付现金，其余50%下季度支付；

（3）制造费用按直接人工工时进行分配；

（4）变动性销售费用按销售量进行分配；

（5）短期借款于季度末借入，下季度支付利息，长期借款为免息借款；

（6）不考虑计提盈余公积的事项；

（7）20×7年末未分配利润为5 000元。

要求：编制天行公司20×8年的全面预算表（计算结果直接填入表9－2至表9－11中）。

表9－2 **销售预算** 单位：元

季度		一	二	三	四	全年
预计销售量（件）		100	200	200	100	
预计销售单价（元）		50	50	50	50	
销售收入						
预计现金收入	年初应收账款	2 000				
	第一季度销售收入					
	第二季度销售收入					
	第三季度销售收入					
	第四季度销售收入					
	现金收入合计					

表9－3 **生产预算** 单位：件

季度	一	二	三	四	全年
预计销售量					
加：预计期末产成品存货	200	200	200	200	
合计					
减：预计期初产成品存货	190				
预计生产量					

表 9－4　直接材料预算

季度		一	二	三	四	全年
预计生产量（件）						
单位产品材料用量（千克／件）		2	2	2	2	2
生产需用量（千克）						
加：预计期末存量（千克）		600	600	600	580	
减：预计期初存量（千克）		580				
预计材料采购量（千克）						
单价（元／千克）		5	5	5	5	
预计采购金额（元）						
预计现金支出	年初应付账款	500				
	第一季度采购额					
	第二季度采购额					
	第三季度采购额					
	第四季度采购额					
	现金支出合计					

表 9－5　直接人工预算

季度	一	二	三	四	全年
预计生产量（件）					
单位产品工时（工时／件）	10	10	10	10	10
人工总工时（工时）					
单位工时工资率（元／工时）	1	1	1	1	1
直接人工成本（元）					

表 9－6　制造费用预算　单位：元

制造费用项目	一	二	三	四	全年
人工总工时（小时）					
变动性制造费用分配率（元/小时）	0.8	0.8	0.8	0.8	0.8
变动性制造费用小计（元）					
固定性制造费用小计（元）	500	500	500	500	
制造费用合计					
减：固定资产折旧费	200	200	200	200	
付现的制造费用					

表 9－7 产品成本预算

项目	单位成本			生产成本	期末产成品存货成本	销货成本
	标准分配率	耗用量	成本			
直接材料						
直接人工						
变动制造费用						
固定制造费用						
合计						

表 9－8 销售和管理费用预算 单位：元

	一	二	三	四	全年
预计销售量（件）					
单位产品变动性销售费用（元/件）	1	1	1	1	1
变动性销售费用小计					
固定性销售和管理费用	200	200	200	200	
销售和管理费用合计					
减：固定资产折旧费	50	50	50	50	
销售和管理费用现金支出合计					

表 9－9 现金预算 单位：元

项目	一	二	三	四	全年
期初现金余额	1 000				
加：现金收入					
可供使用的现金					
减：现金支出					
直接材料					
直接人工					
制造费用					
销售和管理费用					
所得税费用	300	400	400	400	
购买设备		2 800			
股利		3 000		1 000	
现金支出合计					
现金余缺					
现金筹措与运用					
加：借入短期借款	——	5 000	——	——	
减：偿还短期借款	——	——	3 000	2 000	
支付短期借款利息	——	——	50	30	
期末现金余额					

表 9－10　**预计利润表**　单位：元

项目	金额
销售收入	
减：销售成本	
销售毛利	
减：销售和管理费用	
利息	
利润总额	
减：所得税费用	
净利润	

表 9－11　**预计资产负债表**　单位：元

资产	金额	负债及所有者权益	金额
货币资金		应付票据	548
应收账款		应付账款	
存货——材料		长期借款	1 600
存货——产成品		负债合计	
长期股权投资	10 000	普通股股本	17 800
固定资产——房屋设备	10 404	盈余公积	4000
累计折旧		未分配利润	
固定资产净值		所有者权益合计	
资产合计		负债及所有者权益合计	

七、案例分析

案例分析一

鸿升特钢股份有限公司，于 2006 年 5 月成立，经过十多年的发展，由生产单一无缝钢管产品发展成为集无缝钢管、不锈钢管、彩板、海绵铁、铁合金、铜线杆、铝线等多种冶金产品为一体的公司。产品主要用于石化工程、生物工程、热交换器、船用管道、机械轴辊制造等行业。公司注册资金 3 200 万元，技术雄厚，生产设备先进，拥有各类固定资产共计 5 200 万元。现有员工 108 人（其中包括高级工程师在内的专业技术人员 38 人），年产各类不锈钢产品 7 900 吨。产品供不应求，销量不断增加，现有的生产能力已经不能满足产品生产的需要。生产部门要求要购入全新的数控电加工机床，机床售价为 1 000 万元。

为讨论数控机床的采购问题，总经理吴满召开了各部门负责人出席的会议。

销售部经理张强说：“我支持采购计划，我们公司无缝钢管等产品销量非常好，市场占有率不断提高，已经达到 11%。但由于设备不足，生产能力有限，已经造成了一定量的客户流失，如果数控机床到位，安装试运行之后，马上可以安排生产，可以提高公司的销售额，提高公司产品的市场占有率。”

生产部经理王若非也频频点头，说：“产品销量好，但是生产跟不上，我们也很着急呀。如果采购了数控机床，这个问题就能够得到解决。”

此时财务经理高一言说“采购数码机床对企业有利，我也很清楚。但是公司现在的情况是，年底有一大笔的贷款要到期，资金上比较紧张呀。”

销售部经理张强反驳道，“我们的产品销量那么好，公司每年的利润都是几千万，怎么可能没有钱购买一台一千万的机床?”

高经理接着说：“利润和现金流是两回事呀，万一现金流断裂对企业来说是致命的打击!”

总经理吴满见状，打了个圆场说，“各位部门经理对采购数码机床的必要性已经达成共识了，现在的问题就是采购资金的问题，高经理，我们现在应该怎么办?”

“今天是 12 月 2 日，销售部门、生产部门、采购部门、人事部门已经把各自的销售预算、生产预算等报送到我们财务部门了，12 月底，现金预算表就可以做出来了，到时候我们再来讨论吧。”

生产部经理王若非说，“现在的问题是资金问题，所以直接编制现金预算表就好了，和那些销售预算、生产预算有什么关系?”

高经理耐心地解释道，“现金预算的编制是以各项业务预算为基础进行编制的，我们公司早就实行了全面预算管理，具体的流程我也和各位经理再次介绍一下。在每年的 11 月 1 日之前，销售部门根据产品销售情况，编制下一年度的‘销售预算’，报送给财务部门、生产部门；11 月 15 日前，生产部门根据‘销售预算’，结合生产部门实际情况，编制下一年度的‘生产预算’，报送财务部门、人事部门、采购部门；11 月 20 日前，采购部门根据‘生产预算’，编制下一年度的‘直接材料预算’，报送财务部门；11 月 25 日前，人事部门根据‘生产预算’，结合劳动力市场价格变化，编制下一年度的‘直接人工预算’，报送财务部门；……12 月 20 日前，财务部门对各部门报送的各类预算进行审核，结合企业的长期发展规划提出调整意见。各部门再结合调整意见，对预算进行修正；12 月 31 日前，财务部完成下一年度全面预算的编制工作，这里面就包含了‘现金预算表’、‘预计利润表’、‘预计资产负债表’。各位经理，这下你们更清楚了我们全面预算的流程，也希望每年我们催收各位部门预算的时候，你们能配合一点哦。谢谢啦”。

12 月份，是财务部门最忙的月份，预算工作还在继续……

思考题：

1. 数控机床的采购问题为何无法达成一致?
2. 现金预算与销售预算、生产预算等其他业务预算之间有什么关系?

第 10 章

责任会计与转移定价

□ 学习目标

通过本章的学习，掌握责任中心的种类；了解责任中心会计信息的作用；掌握责任利润表的编制及其要素；掌握贡献毛益法责任报告的编制；了解转移价格及其评价标准；掌握转移价格的四种定价依据及其运用；理解跨国公司的转移价格。

□ 学习指导

1. 学习重点：本章的重点是掌握责任中心的种类；掌握责任利润表及贡献毛益法责任报告的编制；掌握转移价格的四种定价依据。

2. 学习难点：本章的难点是责任利润表的编制、贡献毛益法责任报告的编制、转移价格的四种定价依据及其运用。

□ 练习题

一、名词解释

1. 责任会计

2. 成本中心

3. 利润中心

4. 投资中心

5. 责任会计制度

6. 贡献毛益

7. 可追溯固定成本

8. 共同固定成本

9. 转移价格

10. 协商定价

11. 双重定价

二、单项选择题

1. 责任会计是在（　　）的基础上产生的。

A. 科学管理制　　B. 分权制

C. 集权制　　D. 董事会制

2. 在（　　），经理人员拥有关于投入和产出资源的决策权。

A. 利润中心　　B. 成本中心

C. 投资中心　　D. 收入中心

3. 对（　　）的评估主要基于其盈利能力。

A. 利润中心　　B. 成本中心

C. 投资中心　　D. 收入中心

4. 下列哪一项是属于百货商店销售部门的共同固定成本？（　　）

A. 商店保安人员的工资　　B. 销售部经理的工资

C. 商品销售成本　　D. 某个销售部门内专用设备折旧

5. 在编制利润表来计量贡献毛益和责任毛益时，有两个概念在分类成本中被用到。一是该成本是可变的还是固定的，另一个是该成本（　　）。

A. 为产品成本或期间费用　　B. 可追溯至责任中心

C. 在管理者的控制下　　D. 为转移价格

6. 下列各项中，应作为成本中心控制和考核的内容的是（　　）。

A. 产品成本　　B. 可控成本

C. 目标成本　　D. 直接成本

7. 在分权管理的企业组织结构中，居于最高层次、拥有最大管理权和决策权的责任部门是（　　）。

A. 利润中心　　B. 成本中心

C. 投资中心　　D. 收入中心

8. 一个责任中心如果只着重考核其所发生的成本或费用，而不考核可以用货币计量的收入，这一类责任中心成为（　　）。

A. 利润中心　　B. 成本中心

C. 投资中心　　D. 收入中心

9. 可用于评估责任中心管理者的业绩，但不能用于评估该责任中心业绩的合计项为（　　）。

A. 贡献毛益减去可追溯固定成本

B. 销售收入减约束性成本

C. 贡献毛益加上递延至存货的固定成本

D. 贡献毛益减去可控固定成本

10. 下列各项中，不属于利润中心拥有的权利是（　　）

A. 价格决策权　　B. 投资决策权

C. 生产决策权　　D. 销售决策权

11. 责任中心管理人员的工资以及为该中心独立使用的建筑物与设备的折旧费等属于（　　）。

A. 共同固定成本　　B. 变动成本

C. 可追溯固定成本　　D. 不可追溯固定成本

12. （　　）在衡量责任中心较长时期的盈利能力时更为有用。

A. 责任毛益　　B. 贡献毛益

C. 投资报酬率　　D. 部门利润

13. 当产品或劳务的市场价格不止一种，供求双方有权在市场上销售或采购，且供应部门的生产能力不受限制，应当作为内部转移价格的是（　　）。

A. 成本转移价格　　B. 市场价格

C. 协商价格　　D. 双重价格

14. 当采用单一的转移价格很难使各部门目标与公司总目标保持一致，难以激励管理层付出努力时，应当作为内部转移价格的是（　　）。

A. 成本转移价格　　B. 市场价格

C. 协商价格　　D. 双重价格

15. 当卖方部门有剩余生产能力时，以（　　）为基础制定转移价格，可以鼓励买方部门从内部采购中间产品，充分利用卖方部门的剩余生产能力，从而实现公司利益最大化。

A. 完全成本　　B. 变动成本

C. 市场价格　　D. 成本加成

16. 假设美国公司的所得税率为 40%，墨西哥公司的所得税率是 30%，C 公司在美国和墨西哥都有子公司。C 公司在美国生产的连衣裙成本为 40 美元，其正在制定该连衣裙由美国转移到墨西哥的转移价格：市场价格为 75 美元或者成本加成 20%。以下哪个价格能使 C 公司税负最小?（　　）

A. 75 美元　　B. 48 美元

C. 90 美元　　D. 35 美元

17.（　　）可能导致位于不同税务管辖区的责任主体在计算应纳税收时出现问题。

A. 成本加成价格　　B. 市场价格

C. 协商价格　　D. 双重价格

18.（　　）转移价格事实上起到在两个责任主体间分配所转让产品或劳务的相应利润的作用。

A. 完全成本　　B. 市场价格

C. 协商定价　　D. 双重定价

三、多项选择题

1. 企业的责任中心按照组织结构的不同层级和职责范围，通常被划分为（　　）。

A. 销售中心　　B. 成本中心

C. 利润中心　　D. 投资中心

E. 开展日常活动

2. 下列业务部门属于成本中心的有（　　）。

A. 财务部门　　B. 后勤部门

C. 人力资源部门　　D. 数据处理部门

E. 销售部门

3. 责任中心会计信息的作用包括（　　）。

A. 优化资源配置　　B. 业务管理

C. 评估责任中心管理者的业绩　　D. 制定战略

4. 责任利润表中变动成本包括（　　）。

A. 销售人员佣金

B. 商品销售成本

C. 机器维修使用的材料和人工费用

D. 管理人员的工资

E. 折旧费用

5. 下列指标中属于非财务绩效评估指标的是（　　）。

A. 人员更替率　　B. 顾客退货数量

C. 贡献毛益　　D. 新顾客的数量

E. 市场份额

6. 为了帮助公司实现战略目标并适应组织的结构，转移价格需要达到四个关键标准（　　）。

A. 促进目标一致

B. 引导管理者付出高水平的努力

C. 帮助高层管理者评估责任中心以及管理者的业绩

D. 促进高度分权制公司的责任中心在决策方面的高度自治

7. 当下列哪些条件同时满足时，使用市场价格作为转移价格，企业可以实现最优决策（　　）。

A. 中间市场是完全竞争市场

B. 就公司整体来说，在外部市场而非内部买卖产品并不会增加额外的成本或收入

C. 内部转让的产品从质量上和服务上都有别于市场上流行的产品

D. 各责任中心之间相互依赖程度低

8. 当下列哪些条件同时满足时，使用基于成本的价格作为转移价格，企业可以实现最优决策（　　）。

A. 市场不是完全竞争的

B. 产品很特殊难以获得其市场价格

C. 内部转让的产品从质量上和服务上都有别于市场上流行的产品

D. 各责任中心之间相互依赖程度低

9. 责任利润表要素包括（　　）。

A. 销售收入和变动成本　　B. 责任毛益

C. 贡献毛益　　D. 可追溯固定成本

E. 共同成本

10. 当市价难以取得或不存在中间产品的市场，可以采用（　　）。

A. 成本转移价格　　B. 市场价格

C. 协商价格　　D. 双重价格

11. 下列各项中，属于共同固定成本的项目有（　　）。

A. 企业会计人员的工资　　B. 企业安保费用

C. 企业信息系统维护费用　　D. 总部大楼折旧费

12. A 和 B 是汽车制造公司的两个分部，都转移部件产品给装配分部，且都是利润中心。A 和 B 也在公开市场中销售部件产品给其他公司，单价是 750 元。该部件的生产成本是 550 元。在该部件内部转让时，A 和 B 可节约 50 元的销售费用和运输成本。A 和 B 的

经理希望转移价格是 750 元，而装配分部的经理希望转移价格是 700 元。下列哪些判断是不正确的？（　　）

A. 如果转移价格是 750 元，分部间使用的是市价法转移价格

B. 如果转移价格是 550 元，分部间使用的是成本加成转移价格

C. 如果转移价格是 700 元，分部间使用的是协商转移价格

D. 如果转移价格是 700 元，分部间分享了利润

E. 如果转移价格是 550 元，A 和 B 保留了全部利润

13. 下列转移价格中属于市场价格定价的有（　　）

A. 某零件的市场价格为 88 元，成本为 56 元，实际转移价格为 75 元，即市场价格减去销售佣金

B. 包装责任中心经理同意了一份按包装材料的成本价为运输部门提供包装服务的优惠订单

C. 公司的棒球分部以每个棒球 30 元的价格销售给组合分部。棒球分部以两个球一组销售给外部体育用品店，售价为 60 元

D. 在向独立会计公司咨询后，公司的 9 个制造厂每个月支付给会计分部 2 万元

14. 以下成本与自行车连锁店有关，判断这些成本中可追溯至公司的成本有（　　），可追溯至各家商店的成本有（　　），可追溯至商店下设部门（维修部和销售部）的成本有（　　）。

A. 店面租金　　B. 商店经理的工资

C. 自行车及部件的运输费　　D. 广告费

E. 公司审计费　　F. 总部建筑物保险费

G. 自行车的销售费用

四、判断题

1. 因为成本中心并不直接产生收入，所以不需要为它们编制利润表，但是必须分别汇总各成本中心所发生的成本。（　　）

2. 每个成本中心向其他中心提供服务，有时也向客户提供商品和服务。（　　）

3. 对利润中心评估的主要依据是利润中心控制成本的能力以及利润中心所提供服务的数量和质量。（　　）

4. 某公司市场部经理既可以决定是否花费资源做广告，也可以决定是否设立分公司。（　　）

5. 责任会计制度有效实施的前提是为各责任中心编制预算，并将各责任中心的实际业绩责任中心与预算额进行比较。（　　）

6. 责任利润表中收入与成本的编制要从最大的管理责任中心开始。（　　）

7. 对利润中心的评估主要基于其盈利能力，所以需要编制单独揭示公司利润中心收

入与费用情况的责任利润表。 ( )

8. 有些公司分部既是投资中心，也是利润中心。 ( )

9. 投资中心的业绩通常用部门责任毛益来衡量。 ( )

10. 投资中心不仅对成本、收入和利润负责，而且要对所占的全部资产（包括固定资产和运营资金）承担责任。 ( )

11. 设计良好的转移价格可使公司利润最大化的同时为责任部门经理所在的部门做出最好的决策。 ( )

12. 采用完全成本法时，其成本信息可以从账簿中直接获取，卖方可以获得超过变动成本的贡献毛益，从而鼓励卖方转移产品和劳务。 ( )

13. 当市场价格波动幅度大，或者存在多个定价，基于成本的转移价格就是有用的。 ( )

14. 采用完全成本为基础时，管理者将转移中间产品的决策视为长期决策，因此要求补偿全部成本。 ( )

15. 重大的战略性资本投资可以由投资中心来进行决策。 ( )

16. 在利用贡献毛益指标的短期决策中，无需考虑固定成本。 ( )

17. 一般来说，市价和成本确定了协商价格的上限和下线。 ( )

18. 以变动成本为基础的转移定价可以使买方可以获得较高利润，对公司整体来说利润总额更大。 ( )

五、简答题

1. 指出成本中心、利润中心、投资中心三者之间的区别并举例说明。

2. 什么是责任会计制度？在责任会计制度中，收入和成本的记录是从最大的责任区域开始，还是从最小的开始？请说明理由。

3. 责任毛益与贡献毛益有何关系？解释这些指标在管理决策中的作用。

4. 在什么条件下以市价为基础的转移价格是理想的？

5. 以全部成本为基础的转移价格的一个主要局限性是什么？

6. “在协商决定转移价格时，成本及市价信息是没用的”。你同意这种说法吗？为什么？

7. 管理者在不同国家分公司之间选择转移定价方法时，为什么要考虑税收因素？

六、计算题

1. 甲公司从事自行车生产和销售，齿轮和框架分部生产的部件既对外销售又内部转移到装配分部以供装配。#101 号齿轮对外售价为 98 元，制造的变动成本为 50 元。如果存在#101 号齿轮的外部竞争性市场，齿轮和框架分部与装配分部之间的转移定价应定为多少？如果不存在#101 号齿轮的外部竞争性市场，你会不会改变你的答案？为什么？如果高层管理者要求按成本加成 20% 来作为转移价格，那么此时的转移价格为多少？

2. 乙酒店有三个经营利润中心：酒店、餐厅和水疗中心。酒店占地 1 500 平方米，拥有 200 名员工。总维护费用（如保险费、公共设施费的等）为每月为 450 万元，人力资源部每月的成本为 108 万元，如果水疗中心占地 180 平方米并拥有 8 名员工，请计算分配至水疗中心的维护及人力成本。

3. 丙制造公司经营有 A、B 两家生产和销售木材的工厂。表 10－1 给出了这两家工厂第一季度的经营成果（单位：万元）

表 10－1

项目	A 工厂	B 工厂
销售收入	2 000	2 000
变动成本	720	880
可追溯固定成本	750	550

本季度两家工厂的共同固定成本总额为 500 万元。

要求：

（1）为甲公司及其两家工厂编制一份部分责任利润表，并对该公司的经营利润进行汇总。

（2）假如两家工厂都可增加 200 万元的销售额，那么哪家工厂对甲公司经营利润的贡献更大？

（3）哪些类型的成本和费用可被包含于该公司 500 万元的共同固定成本中？

4. 丁公司由两个部门组成：发动机部和泵机部。发动机部为泵机部提供发动机。每年泵机部的泵机使用量约为 10 000 只，因此发动机部每年需要提供给他 10 000 只发动机。发动机的市场价格为每台 4 000 元，每台总成本为 2 200 元。泵机的市场价格为每台 6 000 元，泵机的单位成本（不包括发动机成本）为 1 000 元。

目前，发动机部处于满负荷经营状态，每年生产 30 000 台发动机（其中 10 000 台提供给泵机部）。发动机的市场需求量非常大。如果泵机部能够从其他渠道获得发动机，那么发动机部生产的所有 30 000 台发动机就可全部卖给外部顾客。发动机部按每台 4 000 元的完全市场价格为转移价格将发动机转移给泵机部。

泵机部经理认为，由于减少了广告费用，发动机部从公司内部交易中得到了好处。因此他试图通过协商，将转移价格定位每台 3 800 元。

要求：

（1）使用现行转移价格，分别计算各部门和整个公司的年贡献毛益。

（2）使用打过折扣的转移价格，分别计算各部门和整个公司的年贡献毛益。

（3）在确定公司内部发动机转移价格时，应考虑哪些问题及关系？

5. 戊公司是一家专业生产足球设备的小企业，有两个部门：垫子部和头盔部。该公司6月份的有关数据如表10－2所示（单位：万元）：

表10－2

	利润中心		
	公司整体	垫子部	头盔部
销售收入	1 000	600	400
变动成本	450	300	150
贡献毛益	550	300	250
可追溯固定成本	440	320	120
分部的责任毛益	110	(20)	130
共同固定成本	40		
月度经营利润	70		

张明今年刚担任该公司财务总监，他想关闭不盈利的垫子部。他相信这样做会对公司和他自己有利，因为他的年终奖金是根据公司全年的经营利润来发放的。在最近的一次会面中，张明将自己的经营思想概括如下："企业的强弱取决于其能力最差的部门。只要我在财务部一天，只有最强的部门才能在公司生存"。

要求：

（1）假设今年1月份垫子部门已被关闭，则公司1月份的经营利润是多少？

（2）了解了张明的经营思想后，垫子部生产总监做出如下表示："张明也许对数字很敏感，但他既不懂垫子与头盔的互补关系，也不懂我们公司经营的季节性。"市场总监的这番话说明了什么？这些信息会在多大程度上影响张明对垫子部的判断？

（3）垫子部每月需要增加多少销售额，才能在任意给定月实现20万元的责任毛益。列出所有计算过程。

七、案例分析

案例分析一

假设你刚刚受聘担任某高级酒店的总会计师。酒店每月都要编制责任利润表，其中所有的固定成本要根据每个利润中心所创造的相对利润额分配给酒店的各个利润中心。

酒店的餐饮部王经理认为这种处理方法低估了餐厅的盈利能力。“通过树立良好的声誉，餐饮部的收入大幅度增加。然而，我们收入越多，餐饮部所承担的酒店的经营成本比例也越大。此外，每当酒店空房数上升，租金收入下降，餐饮部还得承担更大比例的酒店经营成本。餐饮部良好的经营业绩因客房部低下的入住率而受拖累。”王经理建议与酒店相关的固定成本应该根据各个部门占用的面积大小来分摊。

李经理是酒店“落日休息室”的经理，她反对王的建议。她指出由于休息室的设计考虑到了酒店顾客的阅读、休息和看日落的需要，所以占地面积很大。虽然休息室并不供应饮料，但它的收入与其占地面积的关系很小。许多顾客仅仅是到这里来吃些免费的小吃，甚至连一杯饮料都不点。王经理的建议将会使休息室变得毫无是处，而酒店必须有一些“开放地带”供顾客小坐和休息。

思考题：

1. 分别评述两位经理的观点。

2. 就如何在不同利润中心之间分配固定成本提出一些建议。

案例分析二

研究表明，美国每年有许多心脏外科手术的实施是没有医疗保障的。这明显会受到向政府和私人投保的人的关注，他们在寻求成本和收益间更好的平衡。与财务及健康风险相比，心脏外科手术的风险会更高。然而，心脏手术的财务收益是非常高的，波士顿科学公司、强生和其他一些公司从中获得了丰厚的利润。此外，这些心脏支架手术使得心脏部门已经成为医院最重要的利润中心。

思考题：

1. 案例指出心脏手术部是医院的一个利润中心，列出三四个能在医院找到的利润中心和三个成本中心。

2. 讨论将手术部门指定为利润中心所面临的伦理问题。考虑如何利用责任中心框架来避免这些问题。

第 11 章

业绩评价

□ 学习目标

通过本章的学习，了解业绩评价的概念；理解杜邦分析系统在业绩评价中的应用；掌握投资报酬率的构成及计算方法；了解投资报酬率评价指标的不足；掌握销售利润率和资本周转率的计算方法；理解并掌握剩余收益的概念和计算；了解剩余收益评价指标的优缺点；理解并掌握经济增加值的概念和计算；了解经济增加值评价指标的优缺点；理解平衡计分卡的维度；掌握平衡计分卡的应用。

□ 学习指导

1. 学习重点：本章的重点是掌握杜邦分析系统的投资报酬率在业绩评价中的应用；掌握剩余收益和经济增加值的计算方法；掌握平衡计分卡的应用。

2. 学习难点：本章的难点是经济增加值的计算；平衡计分卡的应用。

□ 练习题

一、名词解释

1. 业绩评价

2. 杜邦分析系统

3. 投资报酬率

4. 销售利润率

5. 资本周转率

6. 剩余收益

7. 经济增加值

8. 平衡计分卡

二、单项选择题

1. 下列哪一项不属于平衡计分卡的维度（　　）。

A. 客户维度　　B. 相关利益者维度

C. 财务维度　　D. 学习与成长维度

E. 内部经营流程维度

2. （　　）将企业的使命和战略转变为目标和各种指标，它并不是对传统战略和评估方法的否定，而是对其的进一步发展和改进。

A. 投资报酬率　　B. 平衡计分卡

C. 剩余收益　　D. 经济增加值

3. 杜邦分析系统是以（　　）为中心指标，经层层分解所形成的指标评价体系。

A. 销售利润率　　B. 投资报酬率

C. 资产周转率　　D. 权益乘数

4. 不直接影响企业的投资报酬率的指标是（　　）。

A. 销售净利率　　B. 股利支付比率

C. 资产周转率　　D. 权益乘数

5. 某部门2X18年度相关财务指标为：资产负债率为50%，销售利润率为8%，总资产周转次数为4次，则投资报酬率为（　　）。

A. 56%　　B. 72%

C. 64%　　D. 48%

6. （　　）指标将反映盈利性的所有要素（销售收入、成本和投资额）都纳入一个百分数，使得它可以用来与公司其他投资机会的收益水平相比较。

A. 经济增加值　　B. 平衡计分卡

C. 投资报酬率　　D. 剩余收益

7. （　　）是会计利润减去投资额要求的最低可接受报酬的会计指标。

A. 经济增加值　　B. 权益乘数

C. 投资报酬率　　D. 剩余收益

8. 我国的国资委从2010年开始，使用（　　）指标对中央企业实施全面考核。

A. 经济增加值　　B. 平衡计分卡

C. 投资报酬率　　D. 剩余收益

9. 标准成本差异分析、精益库存以及全面质量管理等思想都体现在（　　）维度中。

A. 学习和成长　　B. 客户

C. 财务　　D. 内部流程

10. （　　）最大化这一目标意味着一个部门只要能赚取超过要求的投资回报的利润，该部门就应该扩张。

A. 经济增加值　　B. 平衡计分卡
C. 投资报酬率　　D. 剩余收益

11. 平衡计分卡将（　　）维度作为所有业绩评价的焦点。
A. 学习和成长　　B. 客户
C. 财务　　D. 内部流程

12. 员工培训时间指标属于平衡计分卡的（　　）维度。
A. 学习和成长　　B. 客户
C. 财务　　D. 内部流程

13. 公司的某个分部每年产生的收入为 180 万元，经营利润为 54 万元，平均投资额为 400 万元，则该分部的投资报酬率是多少？
A. 13.5%　　B. 30%
C. 45%　　D. 66%

14. 接上题，如果公司要求分部投资的最低报酬率为 10%，则该分部的剩余收益是多少万元？
A. 40　　B. 54
C. 14　　D. 18

三、多项选择题

1. 下列各项中，不是用于计量和评估经营业绩的杜邦系统的指标是（　　）。
A. 投资报酬率　　B. 专利的数量
C. 销售利润率　　D. 资本周转率
E. 剩余收益

2. 将投资报酬率作为唯一业绩评价指标存在的问题有（　　）。
A. 投资报酬率强调短期决策
B. 投资报酬率只强调价值链的一个构成
C. 如果只用投资报酬率来评估经理，有时可能会导致经理放弃符合公司总体利益的项目
D. 投资报酬率不便于不同规模业务单元之间的分析比较
E. 指标计量困难

3. 平衡计分卡中客户维度可能包含的评价指标包括（　　）。
A. 参加的销售讨论会　　B. 接待的客户数量
C. 客户的满意度　　D. 保留的顾客数量
E. 市场份额

4. 提高投资报酬率的途径有（　　）。
A. 提高资本周转率　　B. 增加单位收入产生的利润

C. 增加投资总额　　D. 减少投资总额

E. 降低单位成本

5. 业绩评价指标体系的设计应遵循下列的原则（　　）。

A. 战略目标导向原则　　B. 科学性原则

C. 客观公正原则　　D. 简便易操作原则

E. 及时性原则

6. 为了提高 EVA，管理者可以通过以下哪些措施（　　）。

A. 增加投资额　　B. 运用相同的资本获得更多的收益

C. 用更少的资本获得同样的收益　　D. 投资于回报更高的项目

E. 减少投资额

7. 下列属于财务维度评价指标的有（　　）。

A. 投资报酬率　　B. 市场份额

C. 销售利润率　　D. 资本周转率

E. 剩余收益

8. EVA 作为一种业绩评价指标，具有哪些优越性（　　）。

A. 考虑权益资本成本和企业的市场价值，使所有者和经营者的利益保持一致

B. 计算工作量相对较小

C. 可以适应所有类型的公司

D. EVA 的计算不受主观判断的影响，从而客观公正

E. EVA 不受公认会计准则的限制，从而降低了会计准则引起的经营业绩扭曲的现象

9. 下列属于学习与成长维度的评价指标有（　　）。

A. 员工满意度　　B. 客户满意度

C. 员工培训时间　　D. 质量认证数

E. 专利授权数

四、判断题

1. 如果评价指标不合适或者不能与持续的业绩相联系，管理者可能会在背离公司目标的情况下改进业绩评价和提高报酬。（　　）

2. 业绩评价就是指企业各级管理层对其下级的考评。（　　）

3. 业绩评价周期一般为月度。（　　）

4. 追加资本支出可以显著提高投资报酬率。（　　）

5. 投资报酬率指标能够促使经理关注销售收入、成本费用和投资之间的关系，激励经理在决策时与组织目标保持一致。（　　）

6. 投资报酬率指标考核可能导致短期行为，不利于部门的长期盈利能力。（　　）

7. 剩余收益指标可以根据不同的投资风险水平采用不同的可接受投资报酬率来计算

资本成本。（　　）

8. 一个业务单元占用的资金规模越大，就越容易获得较高的投资报酬率。（　　）

9. 剩余收益指标是绝对值指标，不可能被操纵。（　　）

10. 经济增加值是一种特殊的剩余收益计算公式，是对剩余收益指标的重新定义。（　　）

11. 平衡计分卡的主要目的评价企业的盈利能力。（　　）

12. 平衡计分卡强调内部经营流程以及与供应商和分销商的外部关系。（　　）

13. 设定长期战略计划是平衡计分卡实施的首要步骤。（　　）

14. 平衡计分卡应同时兼顾和平衡公司长期和短期的目标、内部与外部的利益，综合反映战略管理绩效的财务信息。（　　）

15. 平衡计分卡假设每一个业绩指标都处于战略形成和财务结果之间的因果关系链条中，这种假设得到理论和实证的支持。（　　）

16. 战略地图能够将企业的战略目标清晰化、可视化，并与战略关键业绩指标（KPI）和战略举措建立明确联系，为企业战略落地提供了有力的可视化工具。（　　）

17. 不同行业企业的竞争战略虽然不同，但不同企业的战略地图却是通用的。（　　）

五、简答题

1. 如何理解业绩评价的概念？

2. 如何运用杜邦系统来评估经营业绩？

3. 说明以投资报酬率为唯一业绩指标的缺点。

4. 计算剩余收益的目的是什么?

5. EVA 为什么成为当今最重要的绩效评价指标之一?

6. 平衡计分卡的四个维度分别是什么?分别包含哪些常用指标?

7. 对平衡计分卡的评价是什么?

8. 什么是战略地图?

六、计算题

1. 假设甲公司从事各种电梯的安装和维修，运营部经理提交了三个方案，建议投资机械设备以扩大公司的经营。甲公司对投资要求的最低回报率是 10%。这些建议方案如表 11 -1 所示。

表 11 -1　　（单位：万元）

项目	方案 A	方案 B	方案 C
初始投资额	600	720	500
年度经营收益	72	108	90

要求：

（1）如果使用 ROI 来评估投资项目，对公司来说哪个建议最盈利?

（2）如果使用剩余收益来评估投资项目，那么最合适的方案又将是哪一个?

2. 某事业部拥有资产 8000 万元，流动负债 3200 万元，净营业利润为 1600 万元。

要求：

（1）该事业部的 ROI 是多少?

（2）如果加权平均资本是 12%，那么该事业部的 EVA 是多少?

（3）如果使用 EVA 而不是 ROI 来评估业绩，那么管理层的行为将有何不同?

3. 指出以下业绩计量指标分别于平衡计分卡四个视角的哪一个对应：

（1）直接人工效率差异

（2）税后利润

（3）客户的货物周转率

（4）每百万单位产品次品率

（5）员工流失率

（6）制造费用耗费差异

（7）废料和返工

（8）剩余收益

（9）准时交付次数

（10）员工满意度

（11）员工平均销售额

（12）领先顾客销售比

（13）退还与质保工作

4. 假设乙公司有两个经营分部，一个负责东部地区的营运，另外一个负责中西部地区的营运。表 11－2 信息来自公司最近的一个年度报告。

表 11－2

项目	第一年		第二年	
	东部地区	中西部地区	东部地区	中西部地区
销售额	480 000	42 000	450 000	38 000
净资产	960 000	25 000	850 000	25 500
净利润	56 000	1 200	42 000	1 400

要求：

（1）计算每年每个分部的投资报酬率。

（2）使用杜邦分析系统来计算和分析各地区的投资报酬率。采用杜邦分析系统分解的指标信息来解释两年来两个地区的业绩差异。

5. 东方高尔夫中心拥有三个高尔夫球场。每一个球场都有各自的场地、酒店和高尔夫用品专卖店，每一个部门都作为投资中心来接受评估。三个部门第二年的预算信息如表 11－3 所示。每个部门的经理每年都按 ROI 指标来进行业绩评价和奖金发放。（单位：万元）

表 11－3

项目	高尔夫场地	餐饮部	高尔夫用品专卖店
平均资本	10 000	6 000	1 200
销售收入	14 000	2 500	700
经营费用	1 000	1 100	500
经营利润	3 500	1 400	180

要求：

（1）每个部门的 ROI 是多少？使用杜邦分析系统分析销售利润率和资本周转率。

（2）假设高尔夫用品专卖店正在考虑安装新的灯箱广告，该项投资大约需花费 60 万元，因此能增加年销售收入 10.2 万元。该项目的 ROI 是多少？该新项目的投资对高尔夫用品专卖店的 ROI 会产生什么影响？高尔夫用品专卖店的经理会进行该项投资吗？

（3）如果东方高尔夫中心要求的最低报酬率是 18%，计算每个分部的剩余收益，那么灯箱广告的投资会对高尔夫用品专卖店的剩余收益产生怎样的影响？

6. 接上题的讨论。餐饮部经理抱怨说，餐饮部的销售收入及相应的利润并不太高，这些都是因为高尔夫用品专卖店的声誉太差所致。由于高尔夫用品专卖店的工作人员服务态度较差，商店本身也不是很整洁，使得整个中心的声誉下降。高尔夫用品专卖店的经理辩解道，为了控制经营费用和改善 ROI，店员的工资被削减了。餐饮部的经理认为，应当采用其他评估方法如剩余收益或平衡计分卡等来克服这些问题。

要求：

分析平衡计分卡的哪一种指标可用于评价东方高尔夫用品专卖店的业绩。同时，请指出以下内容。

（1）设计指标所要支持的组织目标。

（2）受该指标影响的员工资源和努力。

（3）员工该怎样接受反馈信息并如何根据目标实现程度对员工进行奖励？

7. 迅达汽车销售公司是一家从事全方位服务的汽车经销商。公司分为三个分部：新车分部、旧车分部和售后服务分部。本年度这三个分部的预算信息如表 11 - 4 所示（单位：万元）。对每个分部经理的年度评估和奖金分配是根据分部的 ROI 来进行的。

表 11 - 4

项目	新车分部	旧车分部	售后服务分部
平均投资额	5 000	1 000	600
销售收入	8 000	4 500	600
销售成本	6 850	3 520	300
销售费用	750	800	168
销售利润	400	180	132

新车分部经理抱怨说，新车分部的销售额及相应的收益并不太高，是因为售后服务分部的声誉太差所致。由于售后服务分部没有最先进的设备（例如，新的液压提升机），客户会到同城另一竞争对手公司那里购买新车。竞争对手拥有新的设备，包括新的提升机，从而可以提供更快捷和更良好的服务。新车分部的经理已经要求采用其他的业绩评价方法，如剩余收益或平衡计分卡等。他认为这样或许能解决这些问题。

要求：

（1）计算每个分部和公司总体的 ROI。使用杜邦分析系统分析销售利润率和资本周转率。

（2）假设售后服务分部正在考虑安装一台新的液压提升机。该分部经理通过调查发现，购买一台提升机需要增加投资 100 万元，而经营利润每年可增加 18 万元。

①新的液压提升机的 ROI 是多少？

②该液压提升机对售后服务分部的 ROI 会有什么影响？

③这对迅达汽车公司总体的 ROI 会有什么影响？（假定汽车销售收入不变）

④售后服务分部的经理会采取这样的投资行动吗？

（3）如果迅达汽车公司要求的最低报酬率是 15%，计算每个分部的剩余收益。如果绩效评估根据分部的剩余收益来决定，并且将剩余收益的 10% 用于奖励，售后服务部应该购买该液压提升机吗？列出计算过程。

（4）如果应用平衡计分卡来评估和奖励分部的经理，那么对于迅达汽车公司的各个分部而言，采用什么评估指标可能最为恰当？

七、案例分析

案例分析一

张经理是一家大型拉面连锁店的经理。该连锁店最近在公司实施平衡计分卡，每家拉面连锁店都制定了一系列的战略目标、评价指标和奖励措施用以激励员工实现公司的总目标。

张经理在其管理的拉面连锁店的每个部门实施了平衡计分卡。平衡计分卡中与厨房相对应的评价指标主要基于内部流程维度和学习与成长维度。张经理监管的厨房员工是按效率指标和学习与成长指标评估的。关于员工的学习与成长维度的评价指标包括员工缺勤数、员工保留数和员工满意度；评价经营效率的指标包括从订货到订单完成时间、浪费的金额、退订的餐数以及员工的工作效率。如果张经理增加了学习与成长维度的指标值，同时降低了经营中的低效率时，那么就能得到月度现金奖励。

在拉面连锁店应用平衡计分卡的第一年，张经理没有因其管理的拉面连锁店而获得奖金。为此他特别烦恼，因为他的确缩短了从订货到订货完成的时间，但浪费和退回的餐数也增多，员工满意度也下降。

张经理决定雇佣你所在的咨询公司作为顾问，来帮助建立新的平衡计分卡绩效评价指标和薪酬计划。

思考题：

选择一位伙伴组成咨询团队，请说明该经理在连锁店经营——特别是厨房——所遇到的问题。报告中要确认使用平衡计分卡时所产生问题的要点，并提出建议以帮助张经理解决这些问题。

资料改编自：Jan R. Williams 等 会计学—企业决策的基础（第 17 版）北京：机械工业出版社 . 2017. ）